DAZAO JINGCAI WENAN

阿鱼◎著

打造精彩文案

让你的每一个字都值得

中国妇女出版社

图书在版编目（CIP）数据

打造精彩文案：让你的每一个字都值得 / 阿鱼著
. -- 北京 ：中国妇女出版社，2021.11
ISBN 978-7-5127-2032-9

Ⅰ. ①打… Ⅱ. ①阿… Ⅲ. ①传播媒介－文书－写作
Ⅳ. ①G206.2

中国版本图书馆CIP数据核字（2021）第183735号

打造精彩文案——让你的每一个字都值得

作　　者：阿　鱼　著
责任编辑：张　于
封面设计：唐　昊
责任印制：王卫东
出版发行：中国妇女出版社
地　　址：北京市东城区史家胡同甲24号　　邮政编码：100010
电　　话：（010）65133160（发行部）　　65133161（邮购）
网　　址：www.womenbooks.cn
法律顾问：北京市道可特律师事务所
经　　销：各地新华书店
印　　刷：大厂回族自治县德诚印务有限公司
开　　本：145×210　1/32
印　　张：8.375
字　　数：150千字
版　　次：2021年11月第1版
印　　次：2021年11月第1次
书　　号：ISBN 978-7-5127-2032-9
定　　价：49.80元

自　序

我是个普通人，但总想干点儿大事。

这没什么好丢人的，我也不会羞于承认，所以我想干也就干了。

刚开始别人找我写这本书的时候，我的利欲心瞬间被激发了。

结果我还是想简单了。虽然写一本书也就10来万字，可是真在电脑上一个个敲出来的时候，就得讲究了。

第一，写书得找到目标读者吧？尤其是写这么一本要教人东西的文案书，不能瞎扯吧？所以，我得写讲究点儿。

第二，为了写这本文案书，我又翻看了很多其他的文案书，结果这一看，把我给看蒙了。基本上很多文案书都会讲几个带英文缩写的法则，我觉得这个方法很好，它让一本书显得特别高级，看起来更专业、更有深度。但我不喜欢，所以我就更得讲究了，讲究用中文和大家都懂的方法说清楚。

第三，我原本在生活上是不太讲究的，但我要是写了这本书就得讲究了，我得放弃一些不太讲究的东西，比如赖床。我每天早上 6 点起床写这本书，为了不让自己睡着，我在写作时会把窗户打开。

那么问题来了，光我自己讲究还不行啊，读者也很讲究，大家得看我有没有写的资格，光能写没用。

我还是有这个资格的。

虽然你在此之前可能从来没听过"阿鱼"这个名字。

判断我有没有这个资格要先看这是一本什么书。

这是一本文案书，还是专门写给普通大众的文案书，它会告诉大家怎么想，怎么写，怎么动笔，写好了怎么赚钱，赚钱有哪些途径，学好了对生活有什么帮助……

简单来说，这本书希望给你带来一些改变，不管是能力上，还是金钱上。当然了，肯定是好的改变。

那么我是谁呢？巧了，正好是一个普通的典型人物。为什么典型呢？因为我就是一个通过写文案把生活变好，并且让生活越来越好的普通年轻人。

我是年轻人，所以我学文案的方法和技巧也很年轻、很现代。在这本书里我会与你分享一些方法，这些方法会用到一些工具，而这些工具可不只是纸和笔，还包括一些年轻人喜欢用的“现代手段”。

在这本书里，有我从零开始学文案总结的经验，有我遇到并被我解决的问题。

一个没什么文案天赋的普通人怎么学写文案，会遇到哪些问题，会陷入哪些困境，怎么解决它们，我通过哪些途径赚到钱，赚钱的渠道主要有哪些，我都写下来了。

或许我的这本书和你看过的其他文案书不一样，我没有在书里加很多案例，一个例子能讲清楚的事情我不会浪费第二个；我只想尽可能地让你明白怎么用，需要注意什么。

说说这本书的内容吧。有一部分知识点是我这些年花钱听过的文案课里总结出来的精华。除此之外，我把自己这几年来写文案的经验和总结的方法论也都写进这本书里了，希望对你有些用处。

等你看完这本书可能会发现，我在书里分享给你的东西马上就能用，比如讲文案押韵的那一章，我介绍了非常实用的韵字网站，它能帮你解决押韵的问题。

我再跟大家讲一讲要怎么看这本书吧。我把书的主要内容分为 10 部分，每部分都是一个独立的知识体系。前面两部分我会讲讲用户思维，这些东西有些概念化，但又必须放在前面讲，因为这是写文案的前提。因此，我建议你最好还是按顺序看，这才是最优解。

不过，从严格意义上来说，我的这本书不是只用来看的，更是用来实践的。你不实践，收获就会少很多，这是我必须告诉你的前提——方法不是用来看的，是用来尝试的。

如果你觉得我写得不行，那么我建议你当面骂我，你的一个意见说不定就是我文案生涯的一个转折点，说不定也能改变一个人的人生。

所以我在这里附上我的微博和邮箱，来吧，阿鱼真诚地希望得到大家的批评和指正。

我的微博：@ 阿鱼爱学习呀

我的邮箱：Wannle1997@gmail.com

所有来信我都会看，欢迎大家给我提建议，当然也欢迎读者与我讨论和交流。或许这篇自序写得不太严肃，还请见谅，不论如何，我都希望大家对待学习可以轻松点儿，做事尽量坚持久一点儿。

阿鱼

2021 年 2 月 21 日

目录

CONTENTS

第一章　如何利用用户思维创作文案

1．什么是用户思维　/ 004

2．文案创作“六步法”　/ 009

第二章　教你产出爆款选题和精彩观点

1．放出你心中的“坏孩子”　/ 025

2．溯源　/ 028

3．延长线思维　/ 031

4．教你找到爆款选题　/ 045

第三章　自媒体标题“十三式”

1．好奇欲　/ 058

2．名利欲　/ 064

3．损失规避与恐惧未知　/ 066

4．数字高潮　/ 068

5．群体认同　/ 070

6．矛盾探知　/ 072

7．标签认知　/ 074

8．听故事　/ 076

9．情绪围观　/ 078

10．名人热点　/ 080

目录

CONTENTS

11．文艺脑洞 / 082

12．多样大盘点 / 084

13．引导条件反射 / 086

第四章 如何准确传递观点和情感

1．找到表达的问题 / 091

2．解决表达的问题 / 096

第五章 如何把控行文逻辑

1．故事生态 / 115

2．知识生态 / 122

3．情绪生态 / 128

第六章 如何讲好一个故事

1．故事是如何构成的 / 137

2．故事的趣味性是怎样产生的 / 145

3．好故事要做到“三到” / 154

第七章 如何押韵并写出有韵律感的文章

1．让文案变得押韵 / 159

2．巧用文案的“律” / 170

第八章　二十一种金句创作技巧

1．双词打架　/ 183

2．小兵在前，大炮在后，营造跨越感　/ 185

3．大炮在前，小兵在后，营造落差感　/ 187

4．拟人：以喜衬丧　/ 189

5．拟人：喜不挽悲　/ 191

6．“最”的答案　/ 193

7．玩字　/ 195

8．放洋屁　/ 197

9．同一动词，相反用法　/ 199

10．同尾词　/ 201

11．同首词　/ 203

12．无法具体表达的情感就列举小事　/ 205

13．拟人：让宏大的事物做一件小事　/ 207

14．形容词：把心扒给你看　/ 209

15．难度极高：人生总结　/ 211

16．经典名句：质疑　/ 213

目录

CONTENTS

17．暗黑童话：质疑 / 215

18．数字：真诚温柔的调料 / 217

19．文学蒙太奇：意象组合 / 219

20．绝妙的比喻：虚比虚 / 221

21．世界对你温柔溺爱 / 223

第九章 快速提高文案水平的练习方法

1．富兰克林写作法：适合零基础学文案的方法 / 228

2．章鱼练习法：跨过新手期之后的练习方法 / 234

第十章 文案创作的流程与时间管理

1．时间自由的赚钱渠道 / 244

2．文案创作的时间管理 / 250

目录

CONTENTS

第一章

如何利用用户思维创作文案

我研究的第一本文案书就给了我当头棒喝，书的具体内容我已经记不清了，只记得作者一直在书里强调“用户思维”。

通过那本书，我了解到用户思维很重要，它决定了你能不能火，决定了别人买不买你的产品。

这些道理都很好懂，但问题是，我在真正写文案的时候还是很蒙。

我知道要换位思考，想用户所想，说用户想说。可毕竟我就是我，任何一个文案创作者的阅历都是有限的，我实在不知道具体要怎么做才算是真正站在用户角度去思考，不知道这种思维模式要按什么样的步骤进行，更不知道在对着空白文档时写下的第一个字应该是什么。

更让我焦虑的是，当时市面上没有任何一套课、一本书能帮我把这些问题解答清楚。

也就是说，我们在了解用户思维这个工具后，用它来写文案、做产品还是搞营销，因人而异。别人只能告诉我们工具的使用方法，却无法给我们明确的使用指令。就好像父母告诉我们筷子能夹东西，但具体夹什么东西由我们自己决定，我们可以用筷子夹菜，也可以用它夹虫子、夹钱、夹珠子。

总之，即使我了解了用户思维，但我不知道具体怎么使用它，这就是我学写文案之初遇到的问题。

直到现在，我已经从事了大量与文案相关的工作，经过这么长时间的沉淀，我终于把“如何真正利用用户思维创作文案”这一框架梳理清楚了。

本书的内容，就从这里开始。

1. 什么是用户思维

避免不了，这个问题我还是得讲一讲。现在市面上解释这个词的书和课有很多，应用场景也是五花八门，我就不再多费口舌去给它下定义了。我认为在文案创作领域，我们完全可以把它理解得更简单些，就四个字——换位思考。

具体要怎么换位思考呢？

请设想这样一个场景：

你马上要去参加一位知名作家的线下签售会，你很喜欢他，想抓住这次机会加上作家本人的微信，并希望能够在日后得到他的指点。那么问题来了，请问你要怎么说、怎么做才能得到他的微信，让他愿意指点你呢？

不会换位思考的你可能会这样说：

“老师，您好！我喜欢您很久了，您的 xx 作品我看了三四遍，觉得您的文笔简直绝了，我可以加您的微信吗？我自己平时也写一些文章，想让您帮我指点指点。”

不出意外的话,这位作家听到你的这番话后应该会很开心,但是他会如何回应呢?

很可能是:“啊,谢谢你的喜欢,就是……我手机刚好没电了,不好意思啊。”

哈哈,话已至此,懂事的孩子已经知道收回手机了。倘若你这时还想着拿个充电宝来,那就实属胡搅蛮缠,没意思了。

你有没有想过,这位作家为什么不愿意加你呢?

换句话说,如果你是他,你会加这样一个书粉吗?

如果你是作家,平时忙于写作和一些必要的商务社交,加这个粉丝不仅对你毫无价值,也许还会给你带来麻烦,消耗你的精力——你需要帮他指点文章,费脑子且耽误时间……

你看,如果你是他的话都不会加自己,那么这位作家又凭什么加你呢?

好了,其实刚才这段想象就是换位思考,那么,我要怎么说才能让这位作家愿意加我并指点我呢?

你可以想想假如你就是这位作家,你的日常生活会是怎样的?

除了写作,肯定还会跟一些圈内的作家朋友聊聊创作,启发灵感,接一些有利于卖书的商务、营销和推广。就算无事可做,你肯定也会花时间看书,提升自我。如果你过的是这样的生活，你会在什么情况下去加一个陌生的粉丝呢？

一定是这个粉丝对你有价值，最好是能帮你启发灵感，或者为你提供更实际的商务价值。

那么回过头来，你就可以想想自己了——你身上有什么对作家有用的价值呢？

思考到这里，如果你身上真的具备这位作家所需要的价值，那么你就找到跟他要微信的办法了。

然而，我们也面临一个很现实的问题——普通人身上很难具备一位知名作家看得上的价值。

那么，我们就没办法了吗？就要放弃了吗？

朋友，没有价值，创造价值也要上，这才是我们和别人拉开差距的突破点。

你可以说："老师，您好！我喜欢您很久了，您的 xx 作品我看了三四遍，您有兴趣把自己的作品拍成电影吗？我的一个朋友也特别喜欢您，原本他也爱写点东西，但现在转行当导演了，他一直想认识您。凑巧现在我遇到您，可以先加您的微信吗？改日我好引荐你们认识认识。"

这样说你就有价值了，更有了加作家微信的理由。你可能会说，这不是撒谎吗？我就算加了这位作家的微信，但根本没有导演朋友可以引荐给他，到时候怎么办呢？

如果你的胆子够大，就可以凭借自己拥有这位知名作家微信的事实，去找一个不知名的小导演，然后用同样的话跟那个导演说：“我和这位知名作家是朋友，他有意找人把他的 xx 作品拍成电影。”如果你真的通过这样的方式帮作家和导演把这件事做成了，那么你们的关系自然就亲近了许多，到时候让他帮你指点文章岂不是举手之劳?

如果你胆量一般，要到微信后，你可以直接把自己的作品发给他看，说不定作家也能帮你指导一二。

当然，以上招数拙劣且漏洞百出。

朋友们，我举出这样极端的例子，可不是为了让你编故事或者去忽悠人的！我想告诉你的是，受限于文学创作本身所具备的部分不可查验性，这样的事情，真的可以通过文字实现!

你想想，如果这类事件在网络社交平台以文字的形式发生，会是什么样?

比如现在炙手可热的短视频领域，是不是有很多这样的文案：“我有一个朋友……她是 xx 地方的富豪……她失恋了……她是个高段位‘绿茶’……她做了让人大吃一惊的事情……”

谁知道这个发布内容的人究竟有没有这个朋友呢?这才是我要说的：“你是作者，你可以让读者只看到你想让他们看到的。”

你发现了吧，完成这一切其实很简单，方法就是换位到用户的角度去思考问题。

所以，现在你懂得文案里的用户思维是什么了吗？

站在用户的角度，想他们所想，说他们想说，用文字想方设法地布置一个又一个“陷阱”，从他们身上捕获你想获得的信息。这些信息不会伤害他们，但能帮我们自己达到目的。

利用用户思维写文案的具体步骤是什么？我为大家总结了文案创作“六步法”，请不要停止你的思考。

2. 文案创作“六步法”

其实利用用户思维进行文案创作的具体步骤，就是搭建文案大纲和写出来的过程。

第一步：确定一个体量够大的用户群体。

搞清楚你的文案想针对的是哪类人群，然后给他们贴上3~5个明确的标签——文艺青年、学生、宝妈、男生、女生、高知分子等。接下来对这些标签做合并同类项或交集处理，思考这类人群在整个社会群体里所占的比例有多大，能有多少体量。

请注意“体量”这个词。在这一步里，我们的目标就是考虑清楚文章的受众是否已经做到了群体定位精准，体量巨大。很多人写出来的文章为什么没人看，就是在这一步把群体找错了。万一你的文章针对的就是一个小众群体，10个人里面，只有1个人对你的文章感兴趣，那么你写的文章岂不就是毫无意义的“自嗨”吗？

第二步：考虑对应的群体用户会喜欢什么，写读者想看

的内容。

利用换位思考，细分既定标签，增加你对这个群体的认知，了解这个群体的特征。

具体怎么做呢？思考他们是什么身份，什么性别，多大年纪，他们的日常生活是怎样的，普遍的性格是什么，阅读习惯和场景是什么。如果你是他们，你会在什么情况下愿意去读自己的文章？你的标题、开头要怎么写才能吸引他们看下去，结尾要怎么结束才能激发他们点赞、评论、收藏？

如果你对这类群体实在不了解，没有办法回答清楚我列出的这些问题，那么你就去网上查，看这个群体平时爱看什么，经常讨论的话题是什么。

千万不要说自己不知道怎么搜索，不知道怎么看。现在大多公司对职业文案有一个硬性要求，就是信息搜索能力。这个能力是经验积累出来的，你只要多搜多看，自然就会形成自己的方法和套路。

总而言之，请你务必借助各种工具帮你把这些问题思考一遍，然后再开始写文案大纲。

第三步：写出文案大纲，设置标题和转折。

写出自己的文案大纲，这里需要做的包括：写出一个好标题，做出一个不错的转折。如何写出一个好的标题我在这里先不提，因为后面我将专门设置一章讲写标题的技法。

让我们先把重心放在这两个字上——转折。

为什么写文章一定要有转折，应该怎么写？首先我们要明确一个概念，人们往往更倾向于看自己想看的东西，当看到自己意料之外的东西时才会点赞、评论、收藏。

所以请你务必设置转折，并且是情理之中、意料之外的转折。

第四步：暴露我们的真实意图，写我们想写的内容。

写出文章的真实意图，也就是你真正想写的内容。比如，你写文章就是为了卖某个产品，这就是你的意图；又或者你就是来夸赞教师的，你觉得老师们太辛苦，你想引导大家关注和体谅自己的老师，这也是你的真实意图。

我在上一步里说了一个转折，那转折前是什么内容呢？转折前我们写的东西应该是用户想要看到的内容，也就是说，在转折之前我们就一直在满足用户。那么在转折之后，我们应该引导用户来满足我们了。

利用用户思维写文案的前四个步骤我讲完了，这四步就是我们列文案大纲时的执行顺序与需要考虑的对应内容。

然而，即使我们已经知道文案大纲的主要框架应该怎么写了，可能还是会存在两个问题：

（1）读者想看的内容和自己真正想写的内容有什么区别？

（2）具体怎么设置转折？

如果你存在这两个疑惑，那很好，说明你看到这里时也没有停止思考。我将用一个简短的文案举例，为你解答这两点疑惑。

【文案大纲】

文章主题：我与最好的朋友绝交了。

交代事实：简单叙述我和朋友绝交的过程。

你换位思考后猜想读者想看到的内容：你们为什么绝交？你和她的关系有多好？

转折：原以为绝交的原因是我最好的朋友一直都在忌妒我，但其实不是。

你真正想说的：这段友情我也有错，是我让我的朋友没有安全感，是我的态度导致了她的忌妒（真正的话题是友谊里的安全感）。

最终文案内容：

我与最好的朋友绝交了，对方是跟我有 13 年友情的闺密，我们一起罚过站，吃过同一包辣条，追过同一个男生。但在 3 年前，她给我发了一条信息后就删除了我所有的联系方式，从那以后再也没理过我。

信息内容是："对不起，当你的朋友太累了。你越来越优秀，跟我的差距越来越大，其实我很忌妒你，但偏偏又只能祝你越来越好，因为我是你的朋友。这种矛盾感让我觉得自己既糟糕又阴暗，我们绝交吧，我不想一直自卑地跟你在一起。”

收到信息的我先是震惊，后是愤怒。震惊是因为在此之前她没有任何忌妒我的征兆，我们仍然一起看电影，一起吐槽，一起说好当彼此的伴娘；愤怒是因为我最好的朋友居然不希望我过得好。

而现在，当我理智地去看这件事，我终于理解了她为什么会跟我绝交，并非网上所说的原因：朋友希望你过得好，但不希望你过得比她好。

真正的原因是，当时的我没有带给她“友谊的安全感”。每当我取得成功和奖励都会兴高采烈地跟她分享，我理所当然地认为是朋友就应该为我开心，可我却忽略了她的感受，甚至在遇到问题的时候抛下她，去与我认为更优秀的人合作，这会让她觉得自己不够优秀，而我也不会和她做朋友了。

所以她一直试图追赶我，试图寻求我的帮助，希望能够守住这份友谊，不再患得患失。

她对我的忌妒，其实只是源于我对她的态度。

好了，这就是一个简单的例子。这篇小短文在故事情节设计和观点输出方面可能比较偏激，我只是为了方便你的理解，才设计得比较极端。

可以看出，这篇小短文的前三段写的就是读者想看的内容，我在满足读者的好奇心。他们想知道我们为什么绝交，当初关系又有多好，于是我就满足读者的需求；而第四段则是我设置的一个简单的转折点。我在前面讲了那么多的事件，大多数读者心里想的是“果然，朋友就是希望你好又不希望你过得比她好”。这时，我们把读者心里想的东西做一个否定处理，偏离读者的心理预期，再次勾起他们的好奇心，接下来的几段就是我的自圆其说了。只要接下来写的东西让读者觉得有道理，那我就是“正确利用用户思维”完成一篇文章了。

第五步：完成你的文章，学会写“废话”。

完成你的文章，可别觉得我这一步在讲废话。要知道即使是给两个人同样的大纲、同样的选题，他们写出来的文案也会相差甚远。

李诞有一次在综艺节目《蓝莓孵化营》里面说过一句话：“创意不难，难的是执行，从 0~1 固然重要，但如果不能把 1 落地，那创意将狗屁不是。”

写文案重要的也是在这一步，不管你有再先进的方法、再独特的观点，你也得先写出来，然后再谈能不能写好。我这本书讲的也大都是把文案写出来并写好的方法和技巧，不过在这里我先跟你分享写文案最基础的一个技巧——多讲细节、多写废话。

我知道，别人都教你尽可能地精练语言、少写废话，但我之所以要跟别人“唱反调”，也是有原因的。

朋友，你要知道，我们普通人写文案，别说写好了，能写出来都不容易。

回想一下当年的你，是不是写篇 800 字的作文都得绞尽脑汁？所以朋友，我们老实一点儿，认清现实，在这一步，我们要做的工作就是想方设法地输出文字材料，精练语言是之后的事。

文案写作不是做菜，我们做菜肯定不能把所有菜都丢进锅里一起炒，因为丢错了就收不回来了，炒出的菜就不美味了。

文案更像冰雕，要想雕出好东西，前期就得尽可能多准备点冰，这样真正雕刻时，我们才能尽情雕刻。

现在明白为什么要写“废话”这个道理了吧？让我们再来解决下一个问题——怎么才能把废话写到位呢？

抛观点要举例子，举完例子要总结。

比如你的观点是：创业重要的不是做什么事，而是找对做事的人。

首先，你要把你的观点条理清楚地表达出来：创业重要的不是做什么事，而是找对做事的人。世人都说创业选对方向很重要，但方向只能让创业走得更快、更顺，真正能让创业之路走得更稳、更远的，还是人。风口会停，政策会变，但一群合适的人聚在一起，不管做什么都能成功。

然后，举一个和创业有关的例子。

最后总结：风口没有你想的那么重要，创业最重要的不是你做什么事，重要的是要找对做事的人。

讲故事要讲细节，吊胃口要铺场景。

什么叫故事的细节？好的细节能让故事主人公的形象更丰满。如果你看过《红楼梦》就会发现，它就是一部由诸多细节构成的经典。原著里，曹雪芹写了许多关于眼神、动作、语气、神态、穿着、打扮的细节，他如同陈述事实般把细节摆出来，让你自己去发现其中的重点。

比如在“周瑞家的送宫花”一回，薛姨妈让周瑞家的把十二支宫花送给迎、探、惜“三春”，以及黛玉和凤姐。周瑞家的给凤姐送宫花时的路线是这样的：穿夹道从李纨后窗下过，越过西花墙，出西角门进入凤姐院中。

你看，荣国府里小一辈的小姐、媳妇都有花，但薛姨妈却没让她给李纨送。曹雪芹写的时候还故意明确地写道，周瑞家的从李纨后窗下走过，为什么非要写这句话，还不是为了让你注意到吗？

那么，为什么唯独李纨没有花呢？你如果读到这个细节，就会思考，因为李纨是寡妇，当时的人认为寡妇应该清净守节，装扮不能太花哨，所以才没有花；作者在写李纨出场时就说了，她青春丧偶，故虽居膏粱锦绣之中，却如槁木死灰一般。想到这里，你就会觉得不送她宫花这件事竟然正好符合了她的性格和现实生活，瞬间就怜悯她了，觉得她有些悲凉、无奈。

这就是细节的妙处。

故事里的细节，不是单纯地去描述细节，而是描述的每一个细节都要有目的，要么能够推动情节，要么能够丰富人物的血肉。

至于“吊胃口要铺场景”就更简单了。电视剧里，当某人要展开刺杀行动的时候，是不是往往都会先给一个月黑风高的空镜镜头？这就是要告诉观众：月黑风高，这是杀人夜哦！

我说的场景也是这个意思。

读者是有想象力的，我们的文字就是供他们想象的，因此先铺垫一点儿场景供读者想象，这一点很有必要。

抽象概念要具体，也要结合实际。

实际上我在本章一直提的用户思维，就是一个很抽象的概念。当无法清晰地给读者讲清楚这个概念具体是什么，又没有办法下定义的时候，你就可以用具体的案例、具体的故事甚至具体的比喻让读者理解它。

也就是用一个具象的事物帮助读者去理解一个抽象的事物，但这个事物一定要贴近我们的日常生活，不能离生活太远。

现代文要多用短句，使用白话最简易。

如果你想在网络上写出传播率高的文章，请记住这个准则：多用短句，把文字掰碎了、揉烂了再喂给读者。

不用考虑太多的文笔问题，别去拽那些文绉绉的小词，即使你觉得你可以。

因为大多数网络用户在上网娱乐时就是为了放松，所以，想让读者把你的文章读下去，最好别让他们动脑，让他们一口气就能轻轻松松地读完你的文章。

现在我们来看几个简单的例子，辅助我们更好地理解如何去掰碎一个句子。

原句：沈阳的天太冷了，雪下得特别大，都把我冻感冒了。

掰碎后：沈阳下大雪了，特别冷，都把我冻感冒了。

原句：我实在不知道一个人能狠心到什么地步才会这样对待一个手无缚鸡之力的孩子。

掰碎后：一个孩子，手无缚鸡之力，却被人这样对待，那个人要狠心到什么地步？我实在是不知道。

上面的例子，尤其是第二个，我掰碎得过分了。

但你看把句子掰碎后会显得更直白、更简单，虽然文学性更弱了，却更容易理解，可读性更强了。我们若想在互联网平台上发展，1 秒能读懂的句子和 5 秒能读懂的句子，传递的是同一个意思，哪个句子更容易传播？所以，如果想写出传播率高的文案，就别总想着崭露才华。简单易懂才是高传播率的大前提。

无法言说的心情可以试试蒙太奇。

讲这个知识点的时候，先说好，你可别笑话我。

我暗恋过一个男孩子很多年，而且结局不太好，导致我最后都没了他的联系方式还耿耿于怀。直到有一天，我在一个陌生的城市，坐在一个海边的咖啡厅喝咖啡，莫名其妙的，我就对那段感情释然了。

我该如何表达我当时的心情呢？反正我是一个合适的词也找不到，所以我写下这样一段看起来毫无逻辑的话，但我相信，你看完这段话就能够感受到我当时的心情。

北方的冷风吹散了南方的炊烟，临街的小孩拖走了遥远的笑脸，破旧的单车带走了最新的低喃，我坐在有海风的咖啡店，搅拌我们不懂珍惜的昨天。

这段话看上去是不是毫无逻辑，莫名其妙？但你似乎又能够感受到我当时的心情？只要你能够感受到，那么我写这段文字的目的就达到了。

这个方法就是一种蒙太奇式的意象组合。是的，蒙太奇并非电影的专利，文学上的蒙太奇可发挥的空间更大，想象空间更充足。

所以下次，如果你想表达无法准确用词语描述的心情，试试把多个毫不相关的意象组合起来。不要问我要组合哪些意象，到时候会有很多事物出现在你的脑海里，你只要用最舒适的方式串起来即可。

第六步：检查删减。

返回去检查，把文章重读一遍，修改细小的逻辑漏洞和措辞，同时一定要学会删除，先看看你的标题，再看看是不是写的每一段话都在为自己的核心思想服务。

如果不是，请一律删除。

千万别觉得自己写的东西特别完美。相信我，你在检查时一定会有想改的地方，即使你写的时候一气呵成，再返回去读时，你仍会觉得自己写的东西不太好。

但是，当你习惯把一堆不那么好的内容雕琢成艺术品的时候，你就要成为一位优秀的文案创作者了。

第六步可以无限次循环，这个循环的过程就是你雕琢文案的过程。这个过程很累、很烦，你肯定会质疑自己，但答应我，坚持下去。

下面我简单地举一个例子，让你明白一个文案里的哪些东西该删，哪些东西不该删。在这里我先示范一下修饰性词语的删除方式，其他的大同小异，大家可以在实践中融会贯通。

海鸥是灰蓝色的，颜色和马格里的阴天一样。我走到那只海鸥的身边，它惊慌地飞走了。看着它离开的飞行线，我觉得甚是无趣，缓慢地转身走向身后的露天咖啡厅，点了一杯味道醇厚的猫屎咖啡，心里想着，此时他应该已经看到我留在桌上的那封告别信了。

来，请你告诉我，你觉得这段话里有哪些修饰词多余了？

第一步：重点查看形容词和副词。在这一步要做的，就是找出所有的修饰性词语，可以看到，这段话里的修饰性词语有：灰蓝色、惊慌地、缓慢地、露天、味道醇厚的。

第二步：删除多余的词汇。既然已经找出修饰性词语了，是不是都要删除呢？肯定不是。我们要判断哪些词该删，哪些词不该删，给大家三个删除标准：

增加场景感的词，不删。

刻画情绪的词，不删。

暗示主人公处境的词，不删。

好，现在让我们回头看一下那些被我们挑选出来的词语。

灰蓝色：不删，因为它渲染了主人公的情绪。

惊慌地：删，这个词没有任何意义，人走过去，海鸥被吓得飞走，这是顺理成章而且显而易见的事情，没有必要特意花费笔墨告知读者。

缓慢地：删，主人公转身，转得快不快在这里不重要，重要的是她有转身这个动作。

露天：不删，这个词增加了场景感。

味道醇厚的：删，咖啡好不好喝在这里根本不重要，事实上主人公喝不喝咖啡在这里都不影响我们想要传递的核心思想。

那么，现在请你删除这些该删除的词语后，再返回去看看，是不是好一点儿了？

海鸥是灰蓝色的，颜色和马格里的阴天一样。我走到那只海鸥的身边，它飞走了。看着它离开的飞行线，我觉得甚是无趣，转身走向身后的露天咖啡厅，点了一杯猫屎咖啡，心里想着，此时他应该已经看到我留在桌上的那封告别信了。

这是删除修饰词的方法，其他的诸如删句子、删段落、删情节，也是一样的判断方法，就是看你写下的东西对你想表达的核心思想有没有推进作用。如果没用，即使你这句话写得再好也别犹豫，删掉它。

最后送你一句我喜欢的话："悄悄努力哦！一件事情在你成功之前，都不要和别人说。"

第二章

教你产出爆款选题和精彩观点

给一个只有泥土的陌生花盆浇水，是一件痛苦的事，因为你不知道里面到底有没有种子。

同样地，期待一个空空如也的脑袋能蹦出灵感的小芽，也是一件极痛苦的事。

这一章我要做的，就是帮你解决痛苦。看完这一章，你应该会少一些对着空白文档发呆的痛苦时刻。

别再憋点子了。先让阿鱼来和你分享几个能捕获灵感的思考方法吧。如果你用我分享的方法写出了特别精彩的观点，请随时跟我分享，本鱼一定甚是欣慰。

我认为，一切规则都是创作的敌人。

如果你想有好的灵感，就请你从这行字开始，建立一个全新的意识："在文字的世界，你可以毫无顾忌。"

这片世界完全空白，它所有的样子都取决于你想让它成为的样子。在这片新世界里，任何人的声音都对你毫无意义，你是在这片新世界里赤身裸体地撒欢儿的"坏孩子"。

算了，这种文艺腔调不太适合我，还是直白一点儿跟你说吧，我就是让你解放思想，放开手脚大胆去创作。接下来我将介绍我总结的第一个捕获灵感的思考方法。

1. 放出你心中的“坏孩子”

从现在开始，让我们一起质疑全世界吧。质疑风为什么要被称为风，质疑草凭什么不结果，质疑人为什么要走路，质疑动物怎么就不能做主。你要反对这个世界上一切有迹可循的事物。不管看到或听到什么，连问自己3个问题：为什么？凭什么？反过来会怎样？

提出质疑，就是捕获灵感最大的文字网。

当你不再顺从地看待这个世界，爱上跟这个世界唱反调的感觉，彻底放出你心中那个唱反调的“坏孩子”，灵感，它就来了。

比如针对拖延症这个问题，我发现大家都在说要克服拖延症，市面上也有好多书在教人如何克服拖延症。

于是我提出了3个问题：为什么大家都想甩掉拖延症？凭什么拖延症要被人这样厌恶？如果每个人都没有拖延症又会怎样？

为什么大家都想甩掉拖延症？

因为拖延症会耽误人的工作和学习，会阻碍人变得优秀和获得成功。

凭什么拖延症要被人这样厌恶？

因为拖延过后我们的内心会难受，会对自己恨铁不成钢，严重时甚至会因此受到他人的责备和侮辱，没有人喜欢这种感觉，而这种感觉的罪魁祸首就是拖延，所以人们厌恶它。

如果每个人都没有拖延症又会怎样？

如果拖延症从未存在的话，人们应该也不会有太大的感觉，谁会对一个从未有过的东西有感觉呢？人人都习以为常地认为，影响自己变优秀和成功的因素只有智商、努力程度等，而不会有拖延，因为人们从未感受过拖延带给自己的坏处，从未尝试着与它斗争，所以也不会获得跟拖延斗争成功之后的快乐……啊！是的，快乐！拖延其实也可以带给人快乐。

当我拖延着不改赖床习惯许多天之后，有一天早晨我居然成功战胜了它——早起了！那一刻我是多么开心啊！我获得了一种超强的自信，那种愉悦的感觉能支撑我度过美好而充实的一整天。如果第二天、第三天我仍然早起了，那么我就会持续获得快乐；如果第二天我又跟拖延战斗失败了，那也没关系，因为我已经获得一份快乐了，而这份快乐正是来自拖延！这不正是拖延带来的好处吗？

思考到这里，在我和世界唱反调的过程中，我提出了属于自己的观点——克服拖延可以让人自信。即每当我战胜一次拖延，我就完成了一次自我挑战，杀死了一个“恶魔”；随着这种胜利感的增加，我的心底会逐渐溢出一种对自我完全认可的自信，这份自信不需要借助外物，更加牢固。

你看，观点出来了。

2. 溯源

这个思考方式就有些哲学家的意味了。

首先我们还是要达成一个共识：这个世界上，任何事物都有存在的合理性，任何事物的湮灭也有合理性。

那么，我们只要思考这个事物是为什么合理存在于这个世界的，又是从什么时候开始存在的？它的产生必定有它的因果，当初是哪几个事物交汇才导致了这个事物的产生？对于曾经存在过，现在却已经消失的事物，同样按照刚才的思路，思考它为何而存在，为何而消失？是什么导致它消失？是从什么时候开始消失的？

你可以对你身边所有的事物提出这样的问题。

我们的生活里充满了常识，从现在起你要看到常识背后的常识，透过现象看到本质。

在我更小一些的时候，我对自己有一些容貌焦虑。我时常惊讶于我的皮相——五官单独看起来都是那么普通，但组合起来又是那么独特。既然每个人的皮相都不一样，那么美丑的判断标准是从什么时候出现的？为何班上那个白白的、鼻子高高的女生总会被那么多人喜欢？为何我没有别人口中所说的气质？这样的疑问我有很多很多，于是我一闲下来就会思考容貌和身材的差异为什么会这么合理地存在于这个世界，它是从何处产生的？是什么导致现代社会对容貌和身材的差异产生好坏标准呢？

直到有一天，我去北方工作，第一次见识了东北的大澡堂子、大温泉。

看见眼前那些走来走去的裸体，我再低头看看自己，懂了。

原来人一丝不挂之后，无论多美或多丑，也无非是某个地方多一寸或少一寸的差距而已；脱光了大家看起来都差不多，似乎都回归了原始的动物形态，非常平等，极其相似。

那么，这个差距是怎么产生的呢？感谢大澡堂子完整的人体洗涤流水线，让我见识了众多普通肉体的“包装”过程。

差异是一点点产生的，大家在身上搽不同的身体乳，给自己吹不同的发型，给头发涂上不同香味的精油，化上不同的妆容，最后再穿上各自喜爱的衣服。

每个程序上的所有差异累积起来，才形成了最终如此明显的外貌差异。

程序中的每一步，人们都加入了各自的喜好和想法，所以在一定程度上说，外貌是直接展现人类思想和态度的途径，它的最终形成来自一个人的性格、审美品位。

比如，有精致妆容的女孩一定花费精力钻研过化妆，穿搭方式又直接彰显了她的审美；好身材的人一定花时间和精力做过身材管理，一定程度上他是个自律的人。

这样思考之后，“以貌取人”竟成了一件极其公平的事情！

于是我提出了多个观点：

有趣的灵魂丑不了；

好看的灵魂不一定有趣，但一定努力；

没有比看脸更好的识人术了。

3. 延长线思维

这个思维模式不是我提出来的，是我前一段时间用手机浏览信息时发现的一种方法。当时看到这样一篇介绍“延长线思维”的文章，让我恍然大悟。

“延长线思维”就是指我们在面临一个问题时，不应该陷入问题本身去思考具体情境，而是思考产生这个问题的情境和出发点。

以“你妈和你老婆掉进水里你救谁？”这个问题举例，相信大多数人看到这样的问题后，回答一定是在这些答案之中的：

“我不会游泳，我只能找人救。”

“救我妈，我老婆会游泳/救我老婆，我妈会游泳。”

“一个都不用我救，她们都会游泳，自己会爬上来。”

“先救我妈，我老婆年轻，可以多撑一会儿。”

我们都知道，这些回答都没有问题，可问题在于太俗套了。

不要陷进问题本身去思考具体情境，而是思考产生这个问题的情境和出发点。

所以，你有没有想反过来问我一个问题——这个问题是谁问的？

如果问题是老婆问的，那么她为什么会问这个问题？是不是觉得你不够爱她了？她会因为什么觉得你不够爱她了呢？或者她只是想来试探一下她在你心中的分量？那么她为什么突然想做出这样的试探？

如果是妈妈问的，那么她为什么问这个问题呢？是觉得你娶了媳妇忘了娘吗？

你看，这个时候你会发现，我们在面对不同的情境时，其实需要不同的回答。

你发现这种思维模式背后的本质了吗？就是悄无声息地更换或增加了问题的背景，为受众提供新的背景信息。在这个背景的基础上回答，别人就会觉得你的观点独特新颖，毕竟你设立了一个新的问题背景。

《奇葩说》第三季有个辩题，《爱上人工智能算不算爱情》。

请告诉我，你看到这个辩题的第一反应是什么？

是不是在思考：对哦，这算不算爱情呢？要弄懂这个问题，我是不是应该搞懂什么是爱情？

但辩手黄执中是这样说的：

这个题目很有意思，因为这个题目有趣的部分不在爱情。这不是一个脑洞题，它是我们之后都会面对的问题——当科技越来越进步，虚拟跟现实还有没有差别？当假的东西随着科技进步变得越来越真，我们还有没有必要去分辨真与假？

然后，他围绕着这个话题展开自己的论述。

我再问你一个问题：

当科技越来越进步，虚拟跟现实还有没有差别？当假的东西随着科技进步变得越来越真，我们还有没有必要去分辨真与假？

你觉得这个话题新颖吗？

你我都心知肚明，这个话题，它并不新颖。

但是它出现在“爱上人工智能算不算爱情”这个话题之下，提出这样一个新话题，它就是新颖的。

观点新颖不新颖是相对而言的，要看我们在什么样的背景、场景下提出。

穿比基尼在海边的你并不新颖，但走到闹市去，你就新颖了。

所以，想让你的观点是独特新颖的，用延长线思维换一个背景就好了。

黄执中在这段辩论里做的事情就是将讨论的话题重新安排了一个背景和前提，导致原本讨论的问题悄无声息地被转移。

我记得最后，黄执中在这场辩论中所讨论的早就不是原本有关爱情的话题了，但他说服了在场的很多人。

为什么黄执中可以想到这一层呢？

平时我们在面对一个话题的时候，具体需要怎么做，才能利用好延长线思维呢？我给你四个步骤：

——列出关键词

——选定关键词

——深挖关键词

——用例子演绎

即我们将话题里面的关键词提取出来，先不考虑它们之间的关联，选取一个你最擅长的关键词，产出观点，再去思考如何将你的观点与话题扯上关系，只要实现逻辑自洽就行。

好，以上三种方式就是我总结的产出精彩观点的方法，我尽可能地用简单直白的话让你理解。

不过我也知道，即使现在我说得头头是道，你也认同，但真正让你去产出一个独特的观点时，你还是没有办法按照我跟你说的方式思考。别急，这是可以练习的，平时养成以下这些习惯，你会逐渐形成一个产出好观点的脑回路。

习惯写评论。

不管是看书、看电影，甚至是点外卖，建议你都养成发表评论的习惯——习惯性地从多个维度对内容和质量阐述自己的看法。

评论的开头最好先明确自己的立场，比如说："我平时很少看电影，今天专门去看的……""我点这份外卖是想作为我的晚餐……""我是抱着好好学习如何吸引异性注意的态度去学习这门课的……"

涉及评价艺术作品时，应当带上其他的作品做类比，需要我们做好充足的信息查阅工作。

最后再对自己的评论进行升华，直接引用内容里的材料来嵌入自己的主张是最好的。

例如，曾经点到过特别糟糕的外卖，我是这样评价的：

店家需要重新对自己的良心进行审视。我看着这饭里的头发丝甚至能想象到厨师的满头油腻，还时不时地用手摸一摸头的画面。这份与剩饭无异的饭菜，与店家的态度和良心一样，冷得没有一丝温度……

虽然这看起来确实很“奇葩”，但不管东西是好是坏，我们都要认真评价，该赞美的也多赞美。我们评价的主要目的是，抓住这个情绪激动的时机提高自己的写作能力。

经常读书，并且学会提炼主题。

我始终觉得书是我们认识这个世界最有用的工具。

读书，让我能够在一个无知的年龄、无知的环境，做出一些并不无谓的挣扎。

那些书的作者在书里讲述他们的人生境遇、生活经验，教授他们的知识技能、思想结晶。我在书里看到了大世界的有趣，升起了瑰丽的梦想，见识了人生的沉浮，避免了许多弯路。

没有人天生就盛产观点，所有的观点都产生于个人与世界碰撞的过程。我们要去看更广、更新的世界，才会有源源不断的观点。

所以，一定要读书，这是我们认识世界的手段。

既然知道我们必须读书，那么书怎么读才好呢？

和大家分享一个读书方法——六层导图阅读法。这个方法是我在读莫提默·J. 艾德勒和查尔斯·范多伦的《如何阅读一本书》时受到了启发，并利用了一些更现代化的工具总结出的方法。

我的方法并不适用于所有书籍的阅读，而是适合本来就抱着功利目的去看书的人，比如，我就想学营销、学文案，想学怎么提高口才、提高情商，那么这个方法就非常好用了。

【准备材料】

A．iPad（平板电脑）／电脑／智能手机；

B．一本书（这里我用的书是《非暴力沟通》）；

C．思维导图软件：Xmind/幕布／百度脑图／Microsoft One Note。

【阅读步骤】

①阅读书的封面：我们先阅读书籍封面和封底上的每一个字，看完之后你会大概了解这本书的卖点，接下来你把书名和作者名填在脑图的中心点位置，即导图的第一层。像下图这样：

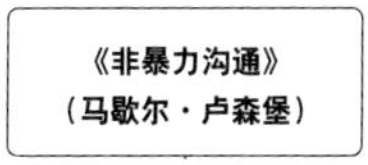

②读前言：图书的作者一般会在前言里写下本书的核心观点，所以读完前言之后，你会对这本书的核心内容有一个大致了解。你在这里要做的就是找到这个观点，并且把它精练成一两句话，填到导图的第二层。像下图这样：

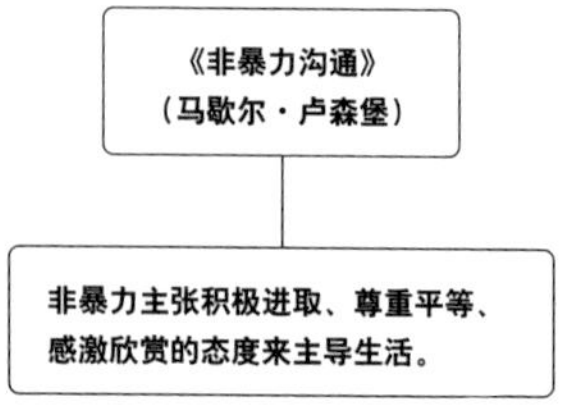

③读目录：把目录里的标题全部列出来，列到导图的第三层。这里需要注意的是，我们只需要把目录里的小标题全部列出来。

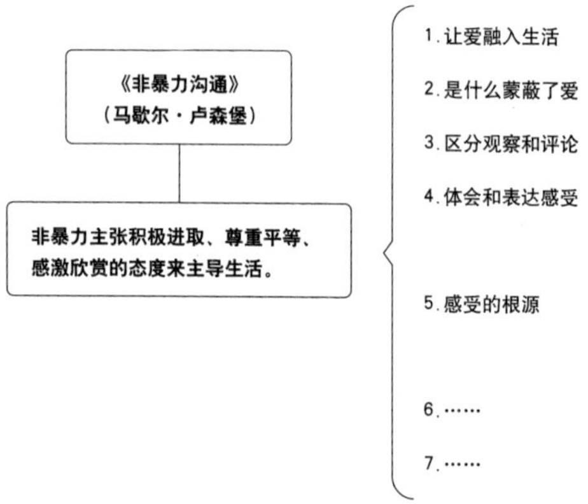

④标题转问题：当我们把所有的标题列出来之后，你只需要看着标题，然后根据标题内容结合你的现实生活提出疑问。比如“感受的根源”这个标题，我会提出以下问题——什么是感受的根源？了解这个根源对我有什么帮助，具体能帮到哪些方面？我要如何利用感受的根源？总之，把你对每个标题的疑问全部列出来，作为导图的第四层。

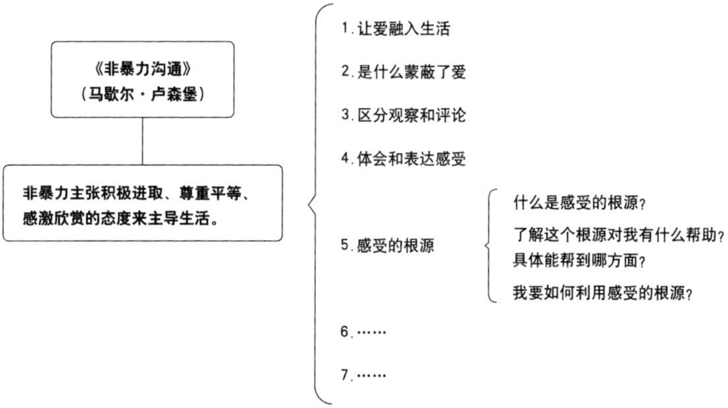

⑤带着标题找答案：这个时候，你就可以不用按顺序去看书了，我相信经过上一步，你已经提出了许多疑问，可以优先看你最想知道答案的疑问所对应的章节。抱着强烈渴望答案的心情去看这本书，你会更加专注，找到每个问题的答案之后，你就可以把找到的答案用自己的话转述精简，作为导图的第五层。

《非暴力沟通》
（马歇尔·卢森堡）

非暴力主张积极进取、尊重平等、感激欣赏的态度来主导生活。

- 1.让爱融入生活
  - ……
    - ……
      - ……
- 2.是什么蒙蔽了爱
  - ……
    - ……
      - ……
- 3.区分观察和评论
  - ……
    - ……
      - ……
- 4.体会和表达感受
  - ……
    - ……
      - ……
- 5.感受的根源
  - 什么是感受的根源？
    - 了解我们的需要和愿望、不指责他人
  - 了解这个根源对我有什么帮助？具体能帮到哪方面？
    - 鼓励他人和自己说出愿望，就能取得更积极的回应
  - 我要如何利用感受的根源？
    - 练习表达的方式，了解需要和感受的关系
- 6.……
  - ……
    - ……
      - ……
- 7.……
  - ……
    - ……
      - ……

- 5.感受的根源
  - 什么是感受的根源？
    - 了解我们的需要和愿望、不指责他人
  - 了解这个根源对我有什么帮助？具体能帮到哪方面？
    - 鼓励他人和自己说出愿望，就能取得更积极的回应
  - 我要如何利用感受的根源？
    - 练习表达的方式，了解需要和感受的关系

⑥萃取总结：把整本书看完后，你或许已经获得了答案，针对你觉得写得不好的内容，写出你的观点：为什么觉得它写得不好，如果你来写的话会如何写这部分内容？好的内容也要总结：这部分内容好在哪儿？作者为什么写得好？把这些总结简单写下来，作为导图的第六层。

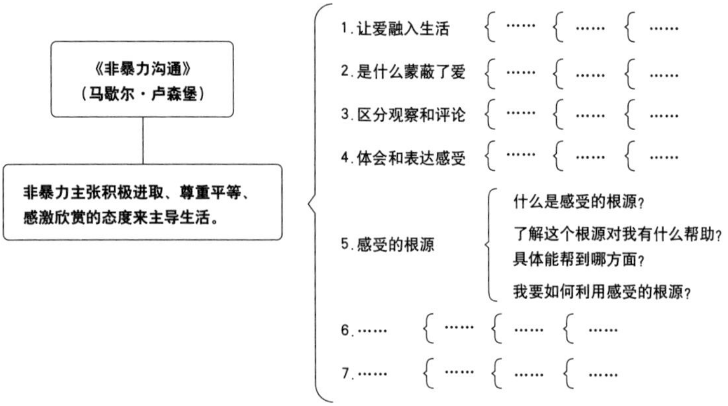
《非暴力沟通》
（马歇尔·卢森堡）
非暴力主张积极进取、尊重平等、感激欣赏的态度来主导生活。
1. 让爱融入生活 …… …… ……
2. 是什么蒙蔽了爱 …… …… ……
3. 区分观察和评论 …… …… ……
4. 体会和表达感受 …… …… ……
5. 感受的根源
什么是感受的根源？
了解这个根源对我有什么帮助？具体能帮到哪方面？
我要如何利用感受的根源？
6. …… …… …… ……
7. …… …… …… ……

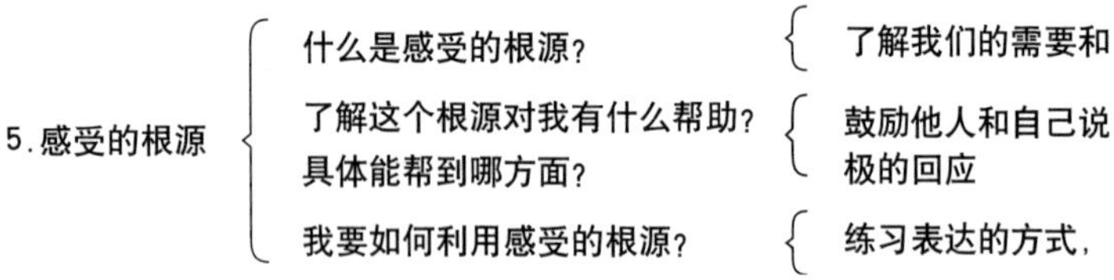
5. 感受的根源
什么是感受的根源？
了解我们的需要和
了解这个根源对我有什么帮助？具体能帮到哪方面？
鼓励他人和自己说
极的回应
我要如何利用感受的根源？
练习表达的方式，

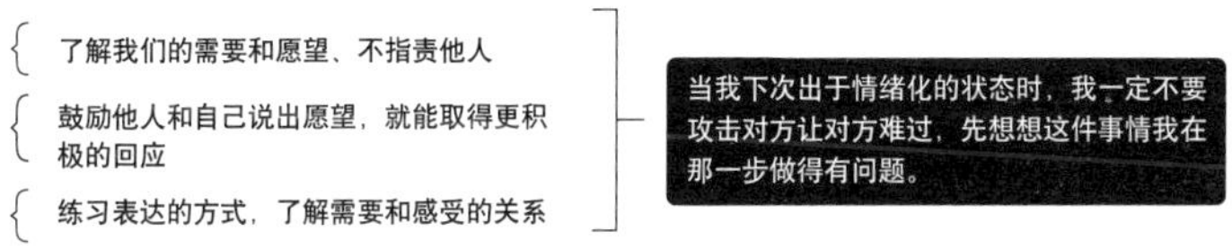
了解我们的需要和愿望、不指责他人
鼓励他人和自己说出愿望，就能取得更积极的回应
练习表达的方式，了解需要和感受的关系
当我下次出于情绪化的状态时，我一定不要攻击对方让对方难过，先想想这件事情我在那一步做得有问题。

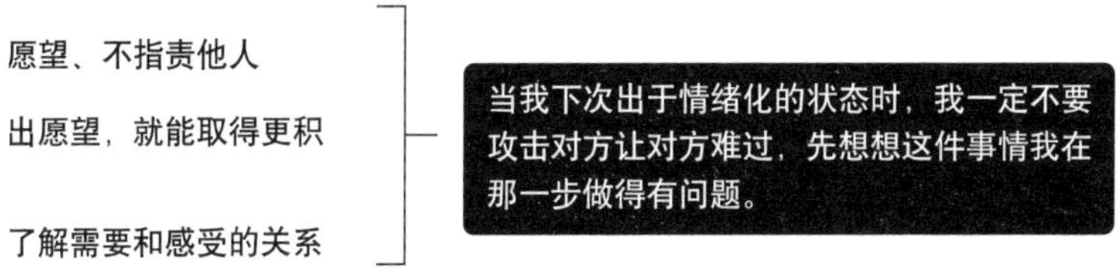
愿望、不指责他人
出愿望，就能取得更积
了解需要和感受的关系
当我下次出于情绪化的状态时，我一定不要攻击对方让对方难过，先想想这件事情我在那一步做得有问题。

【这样读书会得到什么？】

① 你得到了一张层次分明的读书笔记。

② 你锻炼了自己的思辨能力。

③ 你学到了想学的东西，解答了自己的疑惑。

④ 你已经输出了多个观点（在做第六层导图时）。

【关于这个方法的一些解释】

诚然，这个方法很功利，可能在你眼里，用这种方法读书已经失去了读书原本的乐趣。可是朋友，书有那么多种，谁规定读书只能有一种读法呢？

你读《红楼梦》要细读，读《诗经》要慢品，读《菜根谭》要深嚼，而看网络小说、言情小说，你大可以囫囵吞枣。这些书，它们各自有各自的读法。

你一定有这样的时候吧？你读有些书，就是抱着功利目的去读的，比如我读这本《非暴力沟通》，就是抱着了解正确的学习方法去的，我的目的很明确，如果我搞懂了，这本书我就没有必要再读了。如果以后忘了，我大不了把我做的这张导图翻出来重新看看，这不是比读书更快吗？

4. 教你找到爆款选题

现在我们已经讲完了关于产出精彩观点的部分，接下来要谈一谈爆款选题。

选题和观点是不一样的，我们围绕一个选题可以产生多个观点，所以这两者之间算是一个包含关系。在自媒体平台，选题比观点更重要，尤其像抖音这样的短视频（因为我有自己的抖音账号，所以感触良多），如果能够找到自带热度和争议性的选题就意味着已经成功了一半。以下是几种找到爆款选题的方法，有些你可能听过，至于那些没听过的，就是我自己研究的。

（1）九宫格选题法

做过新媒体的朋友应该都知道这个方法。我还是有必要再简单介绍一下，因为我介绍的方法相比原本的方法有些小小的改进。

九宫格选题法，顾名思义，请你先画一个九宫格，然后在最中间那个格子里填上话题。比如马上就要到圣诞节了，我需要写一篇关于圣诞节的文章，所以我的话题就是“圣诞”。而我所在的公司是一家教育公司，专门教人拍摄、剪辑的。我到底要发一篇什么样的文章呢？不知道。我需要用九宫格“走”一遍。

第一步

先画两个空白的九宫格，然后填充第一个九宫格，在最中间的位置填上“圣诞”，这是我们的话题。想 8 个有关圣诞的、可能会受欢迎的关键词，填满这个九宫格的外围。

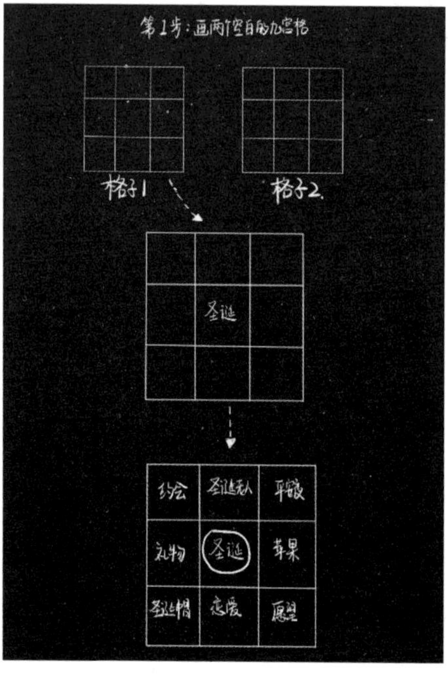

第二步

填第二个空白的九宫格，在这个九宫格最中间的格子里填上“用户标签”四个大字。

想 8 个跟你的目标用户相关的标签，因为我们公司是做视频剪辑的教育公司，我发的文章主要是给学员或者潜在学员看的，所以他们的主要标签肯定与视频剪辑有关。那么，想学视频剪辑的人都有怎样的特征呢？他们平时最喜欢什么呢？把你想到的关键词填满周围的格子。

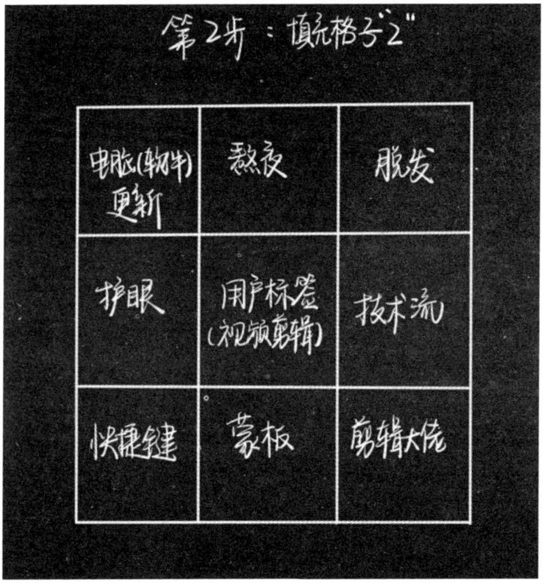

第三步

如果你需要在文章里卖你的产品，或者推荐属于你这个行业的东西，你就再列一个空白的九宫格。照葫芦画瓢，在中间填上你的产品标签 / 行业标签，围绕这个词去想 8 个关键词。比如，我还想趁这次机会推广我们公司的视频剪辑课程，那么我就在中间填上“视频剪辑课”，在周围填满我的产品标签关键词。

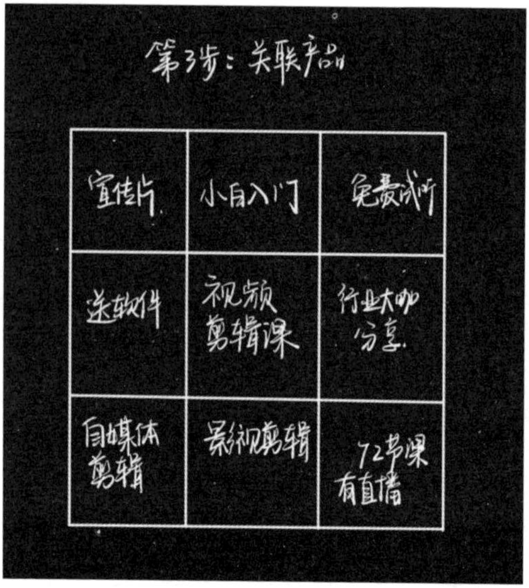

第四步

把我们列出的所有关键词拿出来，分类列成 2~3 列，像下图这样。然后，让我们开始做连连看吧。

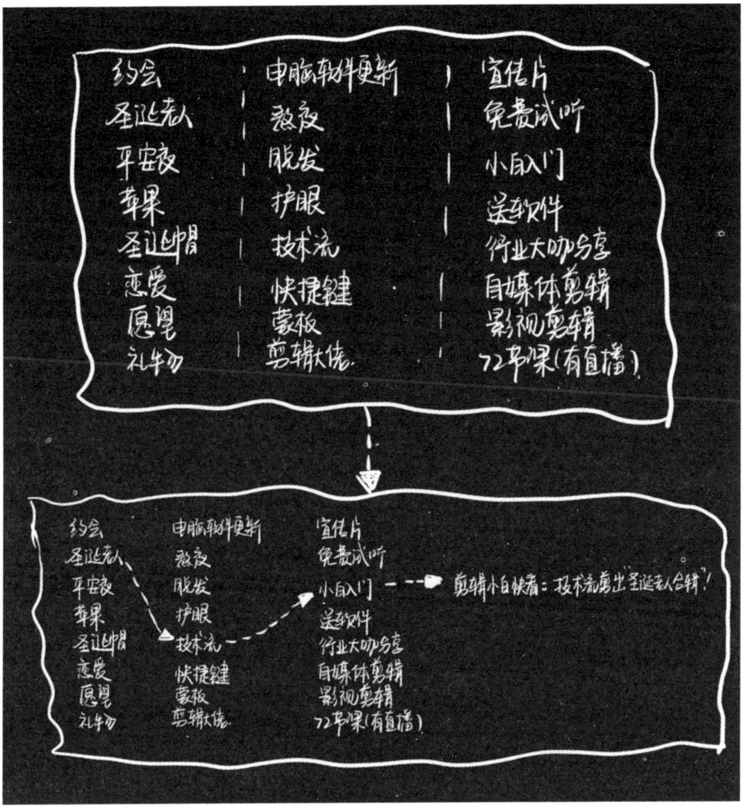

总结

你看，通过这样的排列组合，我们是不是已经产生很多个选题了？我们现在完全不愁选题了，从里面挑一个出来，选题不就有了吗？

（2）选题漏斗

其实，做出选题不难，难的是做出好选题。

对我们大多数人而言，用我说的那些方法，确实能琢磨出好多个选题，但问题是，不知道自己琢磨出来的选题能不能火。

有一种痛苦是这样的，你殚精竭虑地琢磨出了一个选题，觉得这次肯定能火，然而现实给你当头棒喝，你写的东西，一个赞都没有，压根儿没人看。

长此以往，我们就会开始自我怀疑——自己是不是没有写文案的天赋啊？许多文案初学者都是在这个过程中放弃的。

解决这个问题的唯一方法就是——增加选题能爆的可能性。只有看得见成绩，人们才能坚持下去。

如何增加爆款选题的可能性呢？筛选。让我们看看下图的漏斗模型，这就是我们用来筛选爆款选题的方法。

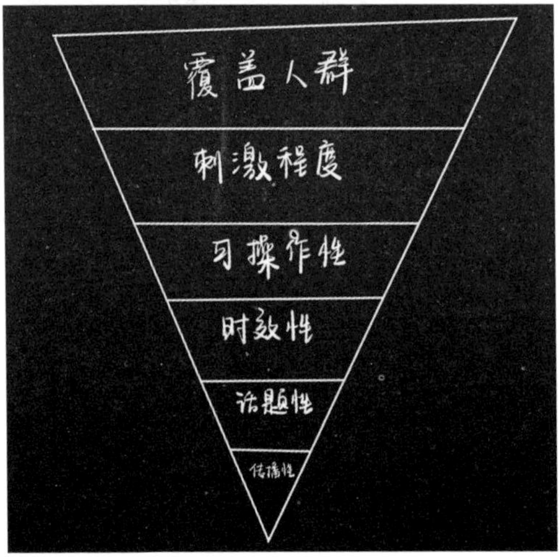

覆盖人群

这是漏斗的第一层，在这一层我们要确定，我们的受众足够广，这样进来的流量才够大。你想，如果你的文章针对的人群在社会中的占比本身就不大，那么就算这类人全都看了你写的文章，全都给你点赞了，也没有几个人，你还怎么指望文章能爆火？我们都知道还有一个词叫“精准”，那么在受众广和精准之间，我们该如何去把控呢？

如果你的文章暂时没有商业目的，但你以后想卖书，那么你覆盖的人群选择“知道读书对自己好的人”就比“喜欢读书的人”要广，并且这些流量也是精准的。世界上有几个人不知道读书是件好事，但又有几个人喜欢读书呢？谁说书一定要卖给要读书的人呢？书也可以是不爱读书但又知道读书好的人的安慰品。

如果你的文章有明确的商业目的，比如，你的文章是为了卖适合 5~8 岁的儿童奶粉，那么你的覆盖人群应该是宝妈、宝爸，当然以宝妈为主。如果你非要再往下精准，精准到有 5~8 岁的孩子的宝妈，就实在没有必要了。

想一想，你的选题针对的人群，覆盖够广吗？

刺激程度

也就是痛点，选题找的痛点够不够痛？是不是这群人的痛点？

可操作性

这个选题以你的能力能写吗？用你选定的刺激点去写文章，你能不能驾驭？这种驾驭是指，你在写文章时，必然需要的一些材料支撑，其中有文字材料，也有图片材料。这些材料以你的能力能不能找到呢？或者作为文章的刺激点，以你的文笔能不能驾驭？这些都是你需要去考虑的。

时效性

主要针对热点类的文章，即这个选题有时效性吗？会在什么时候达到高潮？你写文章需要多久？写完再发还来得及吗？会不会没写完热点就过去了？

如果热点都过去了，你自然就没有蹭的必要了。

话题性

你选的话题是当下的热门话题吗？争议够大吗？能引起大众的讨论吗？切入点够犀利吗？

传播性

我写这篇文章发在哪里比较合适？什么时间点发合适？我在文章里应该以什么样的人称和视角去写，才更容易让文章有高传播量？

好了，这一章到这里就结束了。

送你一句话：“要知道，写文案，你看 100 篇文章，文笔也不一定能提高，但写 100 篇文章，你一定会进步！”

第三章

自媒体标题『十三式』

如果说一见钟情都是见色起意，那么标题就起到〝色〞的作用，好的标题更得做到〝色意双绝〞。

想一想，你会怎样爱上一个人呢？一见钟情？

我看你第一眼，对你感兴趣，再深入了解一下，嘿，果然有点儿意思……

看看，朋友们，爱的前提是感兴趣！

所以，在这个美女、靓仔成群的时代，你不能说皮相不重要；在这个信息爆炸的时代，你不能说标题不重要。只有读者看一眼你的标题就被挑起了兴趣，你的文章才有被认识和认可的可能。

〝色意双绝〞其实就是你的标题够〝色〞，文章够〝意〞。即读者因为对你的文章标题感兴趣，并产生了对文章内容的期待，然后他点进去看，看到了他期望看到的，甚至是更惊喜的。这时，你就获得被关注和点赞的机会了。

不过有一个摆在我们面前特别无奈的事实是：漂亮的花瓶很多，却没几个是真古董。

总之，对于水平一般的新媒体编辑和自媒体写手来说，取一个好标题，总是没错的，文案的打磨先别着急，那是之后的事情。

这里有一个关键词〝行为桩〞，你可以简单地把〝行为桩〞理解为〝人性的弱点〞。

不知道你有没有仔细留意你周围的信息。比如微博热搜，其实那些明星的八卦绯闻、网红秘事跟你毫无关系，你知不知道事情的原委都不会对你的生活造成影响，但你还是会津津有味地〝吃瓜〞，有时候甚至为了搞清楚这件事情到底是怎么回事，宁可浪费几个小时的时间去网上看大量的文章、新闻报道。

你有没有想过，你为什么会这样做呢？其实这种“吃瓜心态”就是我们人类的“行为桩”之一。

“行为桩”能够被某类特定的事件或者某种特定的表达所刺激，当“行为桩”被刺激后，具备该“行为桩”的这类人会不受控制地完成刺激发起者所暗示的行为。

听起来有点儿像我们生物学上的应激反应。原理确实有些相似。

当我们给文章取标题时，我们就是那个“刺激发起者”，而我们的“行为桩”，你可以简单地理解成人性的弱点，但不能片面地理解为人的痛点、痒点、爽点，因为人性的弱点不只是这三个点。我们作为刺激发起者，要想办法用文字作为刺激点，去刺激我们发现的某类特定人群（也就是目标用户）身上的“行为桩”，通过文字给他们发起行为暗示，让他们做出“点进我们的文章”这种特定的行为。

这听上去很难，对吧？但这是最有用的。说实话，我仍然不敢保证在取标题这件事上做到完全地踩准“行为桩”，因为我们首先要通过调查分析去判断我们的目标用户身上有哪些“行为桩”，还需要找到能够刺激“行为桩”的刺激点，与此同时，还需要埋下行为暗示的指令。

不过，目前我已经从事了几年的文案工作，算是有了一些经验。通过不断地摸索，一般来说，人的身上会有什么样的“行为桩”（或者称行为表现），我将跟你娓娓道来，供你参考。

1. 好奇欲

原理

好奇欲是全人类普遍存在的一个“行为桩”，基本每个人都有好奇欲，这是天生的，就和我们生下来就想睁开眼睛看看这个世界一样。好奇欲这个“行为桩”虽然辐射范围最广，但也是最难的。难就难在，我们很难找到合适的刺激点去刺激它，每个人好奇欲“行为桩”的敏感度不同，所以刺激点也不同。经我测试，大多数人的好奇欲“行为桩”都会被颠覆认知、恐惧未知、验证已知猜想这 3 个刺激点刺激到。

缺点

自媒体刚兴起时，有太多人使用过这一招，而且当时起这种标题的往往都是烂尾文，导致读者对这种套路已经厌烦了，所以这种标题也不会像以前那样灵验了。毕竟，人一旦熟悉某种套路之后，套路就不再是套路，而是束缚创作的套子了。以下是曾经火过的一些文案标题，你肯定觉得很熟悉，它们都踩中好奇欲“行为桩”。正如含羞草一直被触碰枝叶就会下垂的原理一样，读者的好奇欲“行为桩”一直被同样的刺激路径刺激，这个刺激点也就不再具有刺激作用了。

案例 1：求知欲

《太可怕了，身边的年轻人都得了这种怪病》

《愿你成为一个被嫌弃的人》

《为什么请女友吃饭不能用优惠券？》

我刚才说了，以上标题的刺激路径已经成为曾经了，并不代表我们再去刺激好奇欲“行为桩”就不灵了；这些刺激路径过时了，我们就要创造新的刺激路径。怎么个新法儿呢？我把这几个标题修改给你看，你就懂了。

《太可怕了，身边的年轻人都得了这种怪病》

改：《职业焦虑贩子：我只凭洗脑“90 后”就赚了北京一套房》

刺激路径分析

你乍一看可能觉得这两个标题什么关系都没有，但如果我给你说说原文内容讲的是什么，你就懂了。原文讲的是，现在年轻人都有“焦虑”这种怪病……这个时候你再返回去看曾经的标题，无语吗？好了，不仅你无语，读者也会很无语。你用标题把我骗进来，结果就跟我讲这个玩意儿？如果你因为这个标题点进来看这篇文章的话，你气不气？有没有一种上当受骗的感觉？你都觉得被骗了，你会想给作者点关注、给文章点赞吗？

这就是以前这类文章取标题最大的问题——标题与文章内容的黏性不强。

但它本身是一个不错的好奇欲“行为桩”的刺激路径：“福勒效应 + 猎奇词 = 强烈探知冲动”。

福勒效应，简单来说，就是一种“对号入座”式、非常普遍的心理现象。你看他说“年轻人都……”如果你是年轻人是不是会对号入座呢？再往后看，他又说“有这种怪病”，“怪病”这个词本身就具有强烈的猎奇属性，这两者加在一起，就会让读者产生忍不住点进来看看的冲动。

刺激路径很好，但这个标题用得不是很好。如果让我用这个刺激路径写，我可能会写《这个针对年轻人的阴谋，你一焦虑就中招了》，但我为什么没有用这个标题呢？因为用这样的刺激路径写出的标题会让人感觉是一篇没有深度的文章，如果读者文化素养较高，就对文章不感兴趣了。

所以你看，我用了另一个不一样的刺激路径——“制造新词 + 福勒效应 + 利益”。标题里的“焦虑贩子”指的是制造鸡汤文、视频，把你的生活贬得一文不值的人。人们总是对新梗充满好奇，因为没人愿意让自己成为一个落伍的人，所以当他看到一个新词时，就想了解这是什么意思，这属于好奇欲里的求知欲。用这种方法，如果你运气不错，水平也还不错，在文章里不仅解释清楚了"焦虑贩子"这个词的意思，列举了因制造焦虑而暴富的例子，还指出导致这一现象形成的原因，发表了不错的观点并形成了呼吁，给读者带来期待之外的惊喜。注意，这里的期待是指读者看了你的标题之后对文章内容的期待，如此，你因为一篇爆文"一战成名"的可能也就有了。

总结

很明显，你从我刚才的解析里学到了两个刺激好奇欲"行为桩"的刺激路径，但我想跟你强调的是，标题一定要跟文案主题有强关联，不然就是对读者的背叛。

案例 2：获答欲和八卦欲

《愿你成为一个被嫌弃的人》

改：《你身边那个被嫌弃的人，现在过得怎么样？》

刺激路径分析

原文讲的话题是不合群，并指出不合群、被嫌弃的人往往很优秀。这个标题和文章的主题是强相关的，而且在一定程度上来说，写得并不差，它用的套路是——美好动词 + 贬义名词。"愿"就是有美好含义的动词，"被嫌弃"就是有消极含义的贬义词，这样的套路会让读者产生疑问，因此会抱着获取答案的心理点进你的文章，这是获答欲。可惜，前两年许多鸡汤文都用这套路写标题，所以这种标题一出，读者就闻着味儿了——鸡汤味儿，因此点击率就不会太高。

还是那句话，被人熟悉的套路就是套子。说实话，我修改之后的标题虽然很一般，但从满足读者的获答欲变成了满足读者的八卦欲，改变了对好奇欲“行为桩”的刺激点。下次你写这种偏鸡汤的文章实在想不到好的标题时，或许可以试试。

总结

以上解析，你可以了解好奇欲里的八卦欲和获答欲之间的区别。

案例 3：探索欲和统一战线

《为什么请女友吃饭不能用优惠券？》

改：《凭什么请女友吃饭不能用优惠券？》

刺激路径分析

文章内容我就不说了，看完标题你就知道文章会讲什么。

我为什么非要把“为什么”改成“凭什么”呢？原标题其实还不错，受众清晰，就男性生活中很常见的话题进行提问，这个问题要么问出了部分男性的心声，要么提出了一个打破部分男性认知的问题。如果一个男性经常用团购券，他就会觉得，这有什么不能的？而另一部分男性自然会想，对呀，为什么？而我改了一个字，那个字影响了那群会追问你“为什么”的男性。“凭什么”这个词不仅提问了，而且还带有强烈的情绪，这种情绪正是那部分男性的情绪。你用这样的提问方式，会让他们更有认同感，觉得你是自己人。这时读者就会认为你是跟他同仇敌忾、探索真理的战友——支持战友难道不是理所当然的事情吗？

总结

这种标题的写法考验的是作者的洞察力，需要作者洞察的点足够准且受众广。关于标题的写法，我们记住这点，提问式的标题少用“为什么”，多用情绪更强烈的提问词。

2. 名利欲

原理

人并非天生就对名利有渴求，追名逐利的欲望是我们后天形成的。其实，与其说追名逐利，不如说是我们对美好的向往。有人可能会觉得这样的想法很俗气，但我们不得不承认，我们每个人都会在长大的过程中形成这样的一个“行为桩”，我不认为这说明人类成为金钱的附庸，或是名利的走狗。

我认为，追求美好的一切是所有人的后天习性，我们来到这个世界上，肯定是想往好了奔的。当然，每个人对名利的追求又不一样，有些人求财，有些人追求帮助他人，有些人追求获得美名或自我认可。

案例

《运营人！ 3 天学完这门课，工资立马涨 3000！》

《一分钱领西瓜，先抢先得！》

刺激路径分析

这种方法的难点还是在于寻找刺激点，不同的人对名利的追求点不一样，那么你心中追求的美好目标是什么？需要先想清楚这个问题，再试试按照“[谁]+[怎么做]+[可以得到什么好处]”的逻辑写标题，直接把美好展现在读者眼前。

总结

如果你针对的用户群体很广泛，对这个群体没有明确的称呼，不加群体称呼也可以。如果你去做新媒体编辑，肯定有机会写送福利、搞活动的推广文。面对这类文章的标题，如果你挖空心思也没什么其他想法，不如就按我说的来，相信我，简单直接而且屡试不爽。

3. 损失规避与恐惧未知

原理

首先简单解释“损失规避”，这原是一个著名的消费心理学概念，指人们面对同样数量的收益和损失时，大多数人都认为损失给自己带来的心理刺激更大，损失带来的负效用为收益正效用的2~2.5倍。也就是说，你丢失100元钱的痛苦程度会大于你捡到100元钱的喜悦程度。我们在写标题时也可以用到这个原理，即明确读者不看这个文章会损失什么。

“恐惧未知”跟这个原理也很类似。两者的不同之处在于，“损失规避”是直接点出你不看会蒙受什么损失。“恐惧未知”是利用一个现象，暗示读者不看这篇文章会有一个令他害怕的结果，让读者以更强烈的情绪为自己的未来担忧。“损失规避”和“恐惧未知”的差别在于，一个明确地告诉读者你不看文章会损失什么，另一个告诉读者你不看文章会损失你现有的东西，但又不明确告诉你会损失什么。

案例 1：损失规避

《毕业后工资比同学少一半，只因不知道这个常识？》

《幸好了解这种套路，不然又得花 2 万冤枉钱》

《面试因为说错这句话，直接失去工作》

案例 2：制造恐惧

《满脸痘印的原因，居然只因睡前少做了一件事》

《“95 后”程序员加班猝死，调查却是坐姿不对？你平时坐得正确吗？》

刺激路径分析

可以看到，恐惧未知这个刺激点与损失规避相比，会在开头直接制造一种现象，这种现象是严重的，是读者不愿意面对的，而且会不停地暗示读者这个后果严重，但又不说到底严重到哪种程度。

我们可以明确为一个公式：损失 / 读者不愿意面对的现象 + 故作悬念的原因 + 疑问。

总结

这类标题一般适用于教育、健康医疗和科普领域，大范围来说，只要你的文章是围绕一个明确的知识点来说，都可以用这种取标题的方式。当然，使用效果因人而异。

4. 数字高潮

原理

数字天生就可以给人带来强大的冲击力，抓住人的眼球，在读者脑中瞬间形成具象的东西。以阿鱼我来说，数字能给我带来一种莫名的情绪刺激，而且这种刺激还很上头，所以我把这种“行为桩”称为“数字高潮”。比如我说 100，有的人会觉得是钱，有的人会觉得是自己今天掉落的头发根数……

这种“行为桩”没什么缺点，但想用好却是个技术活儿。

案例 1：数字匕首

《一生必看的 10 本书》

《好吃到让我疯狂爱上北京的 30 家外卖》

《12 月最流行的 10 首歌，你听过几首？》

刺激路径分析

可以看到，这种刺激路径十分简单直白，我把它取名为“数字匕首”，即直接加入数字，就像匕首捅人一样扎心。

案例 2：反差冲击

《我有 10 个职场经验，价值 100 万，但今天免费告诉你》

《30 位企业家 10 年的创业经历，最终汇成了这 3 句话》

刺激路径分析

使用的时候，一般要使用两组数字，并且让这两种数字形成强烈的对比，让人有做出选择的强烈冲动。

总结

因为人们对数字天生敏感，所以，我们往往会一眼看到标题里面的数字。某种意义上说，数字已经成为一种符号象征，所以我们最应该注意的就是辨识度。你在标题里加入数字的时候，不能只想着加入数字就完事了，还应该想想这个数字要怎么加，才能让读者迅速得到你的暗示。

我举一个愚蠢的例子。比如你的标题想说一个人中了 100 万元彩票，你会怎么加数字？你不可能加“1000000 元”吧？读者还得数一下有多少个零才能知道你说的数是多少，所以肯定得加“100 万元”，注意是“100 万元”而不是“一百万元”，其中的区别你是否能体会到？“一百万元”虽然也是数字，但它在一堆汉字里，读者可不能第一时间反应过来这是数字。

5. 群体认同

原理

众所周知，人是群居动物，找相似是我们的原始天性，如果你的标题戳到一类人，那么你就成功了。标题的语气一定要让读者感觉到“我是跟你站在一边的”，就像女生常常会因为讨厌同一个人或者喜欢同一件事物而成为好朋友一样。

案例

《富二代拼爹不公平？其实很公平！》

《凭什么长得丑就不配做“颜狗”！》

《到底要做些什么才能月入过万？》

刺激路径分析

语气要么亲密，要么八卦，情绪化一定要足够强，加强情绪的标点符号该用一定要用。这里需要注意的是，你要找对人群，一种标题只能戳中一类人的“行为桩”，一定要先想清楚你的文章到底想吸引谁。

总结

我记得还在上大学的时候我就经常“主动地去做一些迫不得已的事情”。比如，我会为了尽快融入寝室氛围而晚睡晚起，吃我并不喜欢吃的东西，这是我为了获得群体认同感所做的主动行为，可我做得并不开心。之后，我遇到了另外的朋友，我发现她也不喜欢吃我不爱吃的东西，她也不爱晚睡晚起，我跟她在一起才一天，就掏心窝子地把她当作好朋友，主动选择跟她在一起，因为我有一种找到同类人的感觉。这期间我对她的行为，也是我为了获得群体认同感的主动行为，我做了，并且做得很开心。

可以看到，这两种路径，其实都是我被刺激到了群体认同的“行为桩”，虽然它们最后的结果都差不多，但又有很大的区别。前者是我主动进入群体认同之中；后者是伸出对我认同的橄榄枝，让我被吸引再主动进入群体认同。这两者，孰优孰劣，显而易见。

我的建议是，尽量使用后者，但是在一些特殊情况下，前者也能帮我们达成目的。在文字表达上的区别就是，后者的文字情绪化更强，前者的情绪化一般偏高冷。

6. 矛盾探知

原理

知道大街上出事时为什么总有那么多人围着看吗？因为人都喜欢看热闹，而自媒体文章，如果你的标题传达出你要讲个笑话或说个矛盾给大家听，一些读者就会抱着“不如看热闹”的心态点进去，而且看了说不定还喜欢评论两句，一来二去，这篇文章的热度不就起来了吗？

案例

《乐视回应强制员工自费买手机：彻底怒了！》

《小米凭什么敢叫板三星？》

《小米高管说实话了，屌丝才用小米》

刺激路径分析

这个路径的缺点是做“挑事儿精”也不容易啊！矛盾不是那么容易制造的，我们在写这类标题前需要先明确一个问题——我想要哪类人和哪类人产生矛盾？

总结

这种标题适合写热点文案，或是有关娱乐八卦的文章，若想准确把握这种心态，你自己先要当一个合格的“吃瓜群众”。

7. 标签认知

原理

这种取标题方式更倾向于在把一件事说清楚的基础上，尽可能地贴上群体标签，这样能够让读者快速对号入座，而需要说清楚的事则是标签对应的人群当下的痛点、痒点。认领标签这个“行为桩”也是我们后天形成的。随着我们不断成长，社会、家人甚至自己总是会不知不觉地给我们贴上各种标签，当我们看到相似的标签时,就会觉得这个标签说的就是我们本人。

案例

《给你说个笑话，我是做互联网的》

《创业狗谈什么性生活？连生活都没有好吗！》

《我是“90 后”，我不敢看体检报告》

刺激路径分析

这个路径的缺点也很明显，痛点不是那么好抓的。我们想要了解一类人的苦闷、欢喜，往往需要下很大的功夫，甚至需要融入其中，但我们是不可能百般经历都去体验的，所以要想准确抓住一类人的刺激点，就需要我们像演员一样试着和生活共情，做到真听、真看、真感受。

总结

“贴标签”其实是最常用的取标题方式，其实标签不重要，重要的是标签之下的痛点。因此，同样的方法，痛点抓得准和不准，最终出来的效果有天壤之别。

8. 听故事

原理

我们从小就喜欢听故事，我想是人们喜欢从别人的故事里感受自己的情绪吧。人本身就是感性动物，普通人的生活一般没什么故事，好故事一定会充满意外、痛苦和惊喜，所以大家不希望在自己身上发生故事，因为故事发生到自己身上往往就是事故了。但是，发生到别人身上就不一样了。

案例

《25 岁为情自杀，30 万人为她送行》

《他靠洗碗拿到博士，造导弹保卫祖国》

刺激路径分析

故事一定要足够跌宕起伏才会让人听下去，所以简单总结一下方法，就是“讲一个吸引人的故事”。

总结

我们讲的故事最好不要太遥远，一定要贴近生活，故事之所以让人着迷，就在于它能让我们有丰富的想象空间。即使你想讲一个完全脱离现实的山海精怪的故事，也务必跟我们人类的现实生活扯上一点儿关系。

9. 情绪围观

原理

你突然看到一个人骂街、一个人大哭、一个人大笑，你会不会想知道真相？如果说大家都喜欢看热闹不嫌事大，那么这个方法就是让自己成为那个“热闹”。不过缺点是，措辞太激动容易被平台限制……

案例

《那些指责受害者的，就是强奸犯的帮凶！》

《比直男癌更让人恶心的，是直女癌》

《生活不只有诗和远方，还有恐怖的甲方》

刺激路径分析

想让自己成为“热闹”本身也是有技巧的，我们需要尽可能地利用情感强烈的词语，并且还要经常使用感叹号。

总结

这种取标题的方式不能常用，偶尔用用就行了，不然会引起反感。另外，用词要把握分寸，即使情绪强烈，也别强烈到让平台直接把文章封掉的地步。或许，你可以学一点儿语言技巧，让你的标题不带强烈情绪的词汇却能传递强烈情绪。

10. 名人热点

原理

这个方法准确来说不属于“行为桩”，只是热点事件和名人明星本身就自带一批流量，而且对于热点事件，平台自动会给你更多的推荐量，基数大了总会有人看。

案例

《赵雅芝年轻 20 岁的秘密》（某化妆品的软文标题）

《杨幂新剧造型，肖战表示心跳加速》

刺激路径分析

名人本身具备的粉丝效应，无疑能大幅度增加你的文章点击率，这种取标题的方式其实就是追热点、蹭流量。但前提是你要及时追到热点，蹭明星流量的前提是你要抱对“大腿”。

总结

这种标题适合娱乐八卦博主，即专门写明星八卦的“圈叔站姐”们。但这并不代表普通领域的创作者不能使用，如果你的创作方向能蹭上明星，那就蹭一下，比如餐饮领域：《胡歌拍戏都要溜出来吃的餐厅》。

11. 文艺脑洞

原理

这类标题需要文学水品造诣稍微高一点儿的人使用，简单来说，就是你的标题让人一看就觉得有文化、有深度，同时还能从标题里了解到你想表达的重点。

案例 1：反义词 + 比喻

把你想表达的主题放在最前面，加上一个形容词，再在后面用另一个合适的事物去比喻你的主题，在这个事物前面也加上一个形容词，要求这个形容词和形容主题的形容词是反义词。

《好文案，都是坏孩子》

《再温厚的老师，在学生面前都是大嗓怪》

《勤劳的运营不过是懒惰的搬运工》

案例 2：改编名句

把著名的网络名言、耳熟能详的诗词，通过替换、增加、减少原句里面的关键词，写成你想表达的主题。

《甲方爸爸：背锅全在你，半点不由我》

《年轻人，你头都还没秃，谈什么拼命？》

《生活总是给我“秃”然一击》

刺激路径分析

这种方式适合用于写深度好文。缺点是容易文艺过头，读者看了你的标题后根本不知道你想讲什么，自然就失去了点进去看的欲望。所以，把控好文艺的度很重要。

总结

使用这个方法需要一些文学底蕴，我想没什么好叮嘱的了，多看点儿书就好了，朋友。

12. 多样大盘点

原理

顾名思义，读者看了你的标题就能知道，点进你的文章会看到你辛苦整理资料的结果。如果我只需花 1 秒就能收获你好几天的心血，何乐而不为呢？这种标题经常用的就是盘点、复盘、汇总、集合等类似的词语。不过缺点在于，你要盘点的东西受众要足够广，不然对普通人来说没用，自然就不会看了。

案例

《用 100 句广告文案，复盘我的 2020》

《100 首万能在 VLOG 里使用的音乐歌单》

《2020 年度最强烂片 TOP10，看完眼瞎了！》

《策划人入门必备的 50 句行话》

刺激路径分析

其实我们都喜欢坐享其成。怎么让读者觉得自己点进这篇文章就是坐享其成呢？这就是我们取这类标题的核心奥义。

总结

这种标题适用于职场、知识领域，但也不能常用，因为这是盘点，我们哪里有那么多东西需要盘点？而且一次盘点就很费心力了。

13. 引导条件反射

原理

是不是看见酸的就想流口水？这是身体的条件反射，这种条件反射，吃过柠檬的人都会有。你有没有想过，其实在我们普通人的多年生活中，我们已经不自觉地形成了许多奇怪的条件反射，有些我们自己可能都没有意识到。如果此时你察觉了一种现象，然后利用标题去创造一个让人条件反射的现象，那么你是不是就具备很大的优势了？

案例

《新媒体运营面试问题大全 .docx》（利用的是有些人看到文档格式就想点的现象）

《恭喜发财，红包来了！》（相信每个人都有看到红包就想点的条件反射吧？）

刺激路径分析

这其实就是让我们去把标题包装成一类人平时爱点进去的

内容的样子，做到“形似”就可以了。

总结

想做到这一步，平时应该经常观察身边的细节，所有那些需要你点击进去看的事物的细节。

以上就是我总结的自媒体文案标题的13种好用的套路。

照常奉上一句我喜欢的话：“那些难做的事情往往就是我们应该做的事情。”

第四章

如何准确传递观点和情感

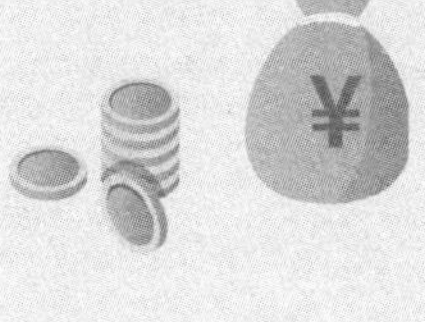

在传递观点和情感这件事上，你有没有遇到过这样的问题?

脑子里有东西，但就是不知道怎么表达出来。

表达出来后，其他人总是无法准确理解。

表达出来了，其他人也理解了，但无法说服他们。

每次表达之前，总要先想很久，无法做到边想边说。

一旦表达时间有限，就不知道怎么快速表达想法。

如果你遇到过这些问题，那么这一章就对你很有帮助。接下来，我会把这章内容分为两部分来讲述："找到表达的问题"和"解决表达的问题"。

在"找到表达的问题"部分主要解决两件事，一是认清自我，搞清楚你现在属于哪个表达梯度；二是诊断问题，搞清楚哪些方面导致你表达不清晰。

我会在"解决表达的问题"部分介绍几个实用的提升表达能力的方法，并对普通人在表达上的常见问题，提出一些可操作的解决方案。

1. 找到表达的问题

表达的 6 个梯度

表达是有段位的，我把它划分为 6 个梯度，你看看自己属于哪个梯度。

（1）无主题的表达；

（2）有主题但结构不完整的表达；

（3）结构完整但证据不完整的表达；

（4）证据完整但条理不清晰的表达；

（5）条理清晰但逻辑不严谨的表达；

（6）条理清晰且逻辑严谨的表达。

倘若你属于梯度（1）、（2），你在生活中一定会有这样的感觉：每次想说话，总会有人打断你；你说话的时候几乎没有人会认真听你讲；你写的东西，也没几个人会认真看，而且你经常听到这样的话——“你到底想讲什么？”“你写了个什么东西？”

是不是感到很委屈？

别委屈了，这是你自找的啊，朋友！你之所以会遇到这种情况，是因为你的表达太随意了，有时候你自己都不知道自己的想法到底是什么，自己都没想清楚就开始表达了。

其他人认真听你说了半天，发现你讲了一堆毫无重点的废话，长此以往，就会给别人留下一个特别不好的印象——你讲的都是废话。既然你讲的都是废话了，怎么还会有人愿意听呢？

如果你想改变现状，就得先从改变那些表达的坏习惯做起。在表达之前，先问自己3个问题：现在讨论的是什么话题？我要表达的内容跟话题有关吗？我为什么有这样的想法？

当你把这3个问题想清楚之后，你的表达就有主题并大致完整了。

至于我为什么要说是大致完整呢？因为90%的朋友都会有表达不完整的问题，有些是有意识的，有些是无意识的。当你想清楚这3个问题后，应该能达到表达梯度（3）了，剩下的问题，我们继续解决。

假如大家正在讨论“楼下超市的生意好不好”这个话题，并且你认为楼下超市生意不好，请问你会怎么表达？阿鱼现在看不到你的答案，但可以根据刚才说到的6个梯度，给你列举几个答案，你看看自己属于哪个梯度？

A．无主题的表达：“我不知道超市生意好不好，对面那家面馆生意挺好的，今天中午人都挤满了，我……”

B. 有主题但结构不完整的表达："楼下超市的生意不好。"

C. 结构完整但证据不完整的表达："楼下超市的生意不好，我都没看见有顾客。"

D. 证据完整但条理不清晰的表达："楼下超市的生意不好，这个月我大概去了10次超市，每次都没有顾客，老板在玩手机，货架上好多货品都积了灰，明显好久没有进过货了。超市老板的衣服也很旧，用的手机居然还是老式手机，肯定是生意不好，没钱买新的。"

E. 条理清晰但逻辑不严谨的表达："楼下超市的生意肯定不好，因为这个月我去了10次超市，基本没有看见其他顾客，所以我认为生意不好。另外我着重观察了两方面：一是老板本人，他穿的衣服很旧，经常玩手机，没事可做，并且长期使用老式手机，所以他应该很穷，如果超市生意好他就不会这么穷、这么闲了；二是超市环境，货架上的很多货品都积了灰，说明好久没有进货了。这些都是超市生意不好的特征，所以楼下超市的生意一定不好。"

F. 条理清晰且逻辑严谨的表达："楼下超市的生意不好，盈利只有普通超市的20%左右。在收入方面，我前几天问过超市老板，他说一天平均能卖400元左右，那么扣除在我们这栋楼开超市的房租、水电等经营成本，他的日平均盈利不到100元。原因有两点：一是他的超市旁边刚开了一家大型连锁超市，货品更丰富，环境更好，还有空调，所以大家会优先去连锁超市买；二是他的货品价格相对偏高，普遍溢价50%，比如农夫山泉，别人卖2元一瓶，楼下的超市却卖3元。基于这两点原因，楼下的超市相对一般超市而言，生意不好。”

我们可以看到：A回答跑题了，顾左右而言他；B回答只抛出了自己的观点，但是没给支撑观点的证据，不完整；C回答支撑观点的证据太过单薄、随意了；D回答虽然看上去证据充分，但是回答混乱，给出的证据在逻辑上不够严谨，主观判断性太强；E回答条理清晰，但证据在逻辑上不够严谨，主观判断性过强，无法说服他人；F则是一个不错的回答，不仅条理清晰，给出的证据逻辑也严谨，能够说服他人。

如果你现在的回答属于A至C回答，那么你需要加强自己的论证思维，在以后的表达里，每提出一个观点就追加一个论据，即说明你如此认为的原因。如果你现在的回答属于D回答，那么说明你有不错的表达意识，但是在逻辑思维、表达技巧方面有欠缺，需要针对这两方面进行提高。如果你现在的回答属于E回答，说明你的表达能力不错，熟悉一些常见的表达技巧，但是逻辑不够严谨，需要提高逻辑思维能力。至于F回答自然不用我多说了，你的表达能力很好，想要再提高只需在平时多加注意，尽可能多积累一些表达技巧，可以再多看一些心理学方面的书，进入用户洞察的阶段。

2. 解决表达的问题

(1) 基础思维习惯：观点 + 逻辑严谨的证据

经过这样的一个案例测试，相信你已经知道自己的表达属于什么梯度，且了解自己在表达上的大致问题了。现在就让我们来一步步地解决这些问题。

首先，你要铭记一点：想要做到准确表达观点，表达的内容就要有理有据。注意，这个“据”一定要逻辑严谨，没有漏洞，即观点 + 逻辑严谨的证据。

你的证据描述得越详细、具体，越能在读者脑海中形成画面，越能让读者理解你。而我们表达的核心目的，不正是向他人传递我们的意识和情感，让他人了解我们的想法吗？这其实就是一个理解过程。

所以当我们想让读者“理解”我们时，就看看我们的表达里有没有观点和证据，证据是否充分合理，否则，就会让读者不明就里。

没人想听一个纯粹的观点，没有证据，只会给读者留下更多的疑惑。

当然，只有证据，没有观点，也会让读者产生新的疑惑。

你想，如果有人突然莫名其妙地凑到你身边，跟你说："喂，我昨天在公司楼下买了杯芋圆啵啵奶茶，里面的芋圆是紫薯味的，珍珠啵啵是龙井味的。"你问她："所以呢？"她说："就这样，没了啊。"你是不是会觉得很无语？这个人太奇怪了。但对方或许想表达："我觉得公司楼下奶茶店里的芋圆啵啵奶茶，口味特别独特。"

（2）让条理变得清晰的技巧

你有没有这样的体验，自己明明表达清楚了自己的观点，给出的证据充分，逻辑也严谨，但别人还是不知道你到底在说什么。

朋友，你可千万不要觉得是对方傻、理解能力差，问题很有可能出在你自己身上。不信？你看：

阿鱼是个很普通的人。（观点）

她学历普通，就是个二本，现在本科生遍地都是，平常说话也少，很少发表自己的观点，上了大学成绩也一般，不是很讨老师喜欢，很少参加活动，也不是什么风云人物，很多人都不知道她的名字。她长得也挺普通，不丑也不美，扔进人堆里都找不到她。对了，她连兴趣爱好也只是看书、旅游，非常普通。

（证据）

这些证据看上去还挺充分是不是？列举了一大堆，证据倒也合理，但是你看完记住了吗？是不是觉得脑子里有点儿混乱？

这是因为，这一段的表达没有层次、没有归类，我们要明白一个事实，就是人的大脑更喜欢有秩序的信息。不信请你看看这一串数字：

154354245112432

你能记住这串数字吗？我想一般人很难记住吧？美国认知心理学家乔治·米勒在研究论文《神奇的数字 7±2：人类信息加工能力的局限》中指出，年轻人的记忆广度大约为 7 个单位左右，所以我们在表达信息时，应尽可能地把要表达的内容整理成简单有规律的信息，然后再输出给他人。我们把这串数字分组归类，是不是就容易记住了？

111222334444555

所以，在列举证据的时候，也要尊重这样的原则，把证据进行分类，然后进行有规律的输出。只要做到这两点，我们就能实现所谓的条理清晰了。

怎样进行有规律的输出呢？给大家提供几个小技巧。

①惯用序列词：比如“第一、第二、第三”“首先、然后、最后”，这样的序列词会给读者一种逻辑严谨、思路清晰的

感觉。

②多用连接词：比如“因为、所以”“虽然、但是”“一方面、另一方面”，这样的连接词也会让人觉得你的逻辑严谨、因果关系清楚。

③加入归类汇总的短句：比如“总归来说”“所以结论是”“在 xx 方面而言”，这样的句子会在无形之间帮读者整理思路，帮他们理顺你要表达的东西，所以也是有效的。

这 3 种技巧虽然有用，但还不能帮助我们表达清晰。因为总的来说，这些方法都属于“伪逻辑”的表达技巧。

（3）“真逻辑”有助于得到正确结论

看到这里是不是很疑惑？我凭什么说以上 3 种表达技巧是“伪逻辑”呢？因为像“第一、第二、第三”这样的词，并没有实质性的逻辑关系。

比如我说：“阿鱼是个很普通的人。第一，她长相普通，穿衣服不好看，一点儿都不会打扮；第二，她的智商只是普通水平，很少参加比赛，没获过什么奖，没得过什么奖学金。”

乍一看是不是觉得挺有逻辑？

长得普通跟穿衣服不好看、不会打扮有关系吗？不会打扮的人长相就一定普通吗？

智商水平普通跟很少参加比赛有关系吗？很少参加比赛的人智商就一定普通吗？

细想之下，就会觉得这个答案有很多漏洞。

这就是“伪逻辑”，它只是用一些技巧让你的内容看上去有逻辑，但这些内容之间并没有明确的关系，经不起推敲。

“真逻辑”是什么样的？

“真逻辑”是能帮人得到正确结论的科学性思维方法。逻辑不是我们用来说的，而是用来找的。逻辑本身就是一个错综复杂的庞大关系网，我们表达的目的，就是为了把这个大网里的一部分线理顺，摆到别人面前。

逻辑是表达的基础，很多人之所以表达能力差，是因为自己很难找到想要表达的内容背后的逻辑，自然也无法做到表达条理清晰且严谨。

如何能够快而准地找到正确的逻辑，把它们理清楚呈现到读者面前呢？这就需要我们知道有哪些常见的逻辑。

常见的有两种，一种是演绎推演，另一种是归纳类比。

演绎推理

演绎推理，要求在表达过程中展示由一般到特殊的逻辑推演过程，这个推演过程也常被称为必然性推理或保真性推理。这样的表达往往由浅至深，环环相扣。

简单来说，就是把一些显而易见的证据作为推演条件，推演出一个证据不足的事实，即从普遍性的理论知识出发，识别出特殊的个体。

比如：①我和你是同班同学；②我在高一（2）班。通过这两个条件，我们可以推演出一个显而易见的事实——你也是高一（2）班的。

当然，我的举例极其简单，事实上演绎推理能做的事情更多，它能帮助我们从一个概念推移过渡到另一个概念，由一件或几件事物去判断另一事物。演绎推理是从一般推理到特殊演绎，它的基本表现形式是“三段论”。

“三段论”是演绎推理中的一种简单推理判断，包括一个包含大项和中项的命题（大前提），一个包含小项和中项的命题（小前提），以及一个包含小项和大项的命题（结论）三部分。“三段论”实际上是以一个一般性的原则（大前提）以及一个附属于一般性原则的特殊化陈述（小前提），由此引申出一个符合一般性原则的特殊化陈述（结论）的过程。“三段论”是人们在进行数学证明、办案、科学研究时，能够得到正确结论的科学性思维方法之一，是演绎推理中的一种正确思维的形式。

比如，我有一个结论：“我掉头发很严重，头顶快秃了，我得去看医生。”

我是如何推演出这个结论的呢？

我正是用“三段论”推演的，不过在实际运用的时候，我没有遵守刚才定义的“三段论”的具体步骤。我把“三段论”里的“大前提”舍弃了，于是就变成了“问题—原因—对策”

的演绎方式。这个方法在我们实际生活中经常使用，它属于“三段论”，只是我们没有去说那个显而易见的大前提。如果让我们把这个演绎过程还原成“三段论”，那它就是这样的：

隐藏的大前提：身体突然出问题，发生了某种变化，一定是由某种原因导致的。

小前提：现在的问题是“我快秃了”。

结论：“我快秃了”这个问题是由“我的身体有问题了”导致的，所以我应该去看医生。

看到了吗？这就是基于演绎逻辑的“三段论”表达。你注意到我刚才隐藏的大前提了吗？那么问题来了，所有的大前提都可以隐藏吗？如果不是，什么时候可以隐藏，什么时候不能隐藏呢？

我明确地告诉你，不是所有大前提都可以隐藏，甚至当你隐藏了不该隐藏的前提，会得出错误的结论。能隐藏的大前提需要满足以下 3 点：

①大前提是一般性规律；

②需要绝对正确的小前提是大前提的特殊情况；

③两者的结论符合充分且必要条件。

如果不符合这 3 点，那么你表达的观点就很容易出现漏洞，甚至会闹出笑话。

比如：“长翅膀的动物都会飞，鸡是有翅膀的动物，所以鸡一定会飞。”你不要觉得这个结论搞笑，我们都知道它是错的，但你明白它错在哪儿了吗？因为它的大前提是“所有长翅膀的动物都会飞”就是错的，并不是所有长翅膀的动物都会飞，所以我们得到了一个错误的结论。

归纳类比

我之前说过，归纳类比这样的表达方法来自归纳逻辑，那么什么是归纳逻辑呢？

人们以一系列经验或知识储备作为依据，找到其中的共同规律，有时会假设同类事物或其他事物也遵守这个规律，从而用这些规律去预测其他事物的运行原理。

我们很好理解“归纳”，就是把所有的信息汇总起来，那么“类比”是什么呢？要怎么“类”，怎么“比”呢？我们把信息汇总起来，不可能所有的信息都要用到，那么，我们用的时候就需要给这些信息分类，再做出选择。那么，该怎么分类呢？以什么样的标准做选择呢？“类比”就能帮我们解决这两个问题。

实际上，我们能以一个更简单的方式理解归纳类比。

比如穿衣服这件事。买衣服，将衣服装进衣柜里的过程是归纳的过程；而我们将衣柜里的衣服进行分类整理，分区域放置春夏服饰和秋冬服饰的过程，是“分类”的过程。要穿衣服时，我们要在多套衣服里进行挑选、搭配，然后再穿在身上，这就是“比较”的过程。所以，分类 + 比较 = 类比。

归纳我就不多说了，写文章时，我们都会有自己的信息收集渠道，也有自己的信息喜爱偏好。我们重点来讲一讲“类比”。

其实“类”就是分组归类。我们把所列举的事物分类成每组具有同一属性，彼此又不相互交叉的事物。

比如，我们在写议论文时往往会有许多分论点，每个分论点下往往又需要列举许多论据去支撑分论点。那么问题来了，这么多的论据、论点，我们该怎么进行管理呢？这时就需要用到分组归类了。现在就来讲讲分组归类的具体执行步骤。

第一步：分组

分组分的是什么呢？分论点。

要保证分论点彼此是没有交叉且完整的，不然这样的分组方式将毫无意义，反而让读者感到晕头转向，产生更多的疑惑。

举一个简单的例子。比如我们的论点是：阿鱼是一个美女。

那么我提出我的分论点，它们分别是：

①阿鱼的气质很美。

②阿鱼的长相很美。

③阿鱼的身材很美。

到这里，我已经把“阿鱼是一个美女”这个论点拆分成了3 个分论点，通过验证这 3 个分论点为真，从而得出结论——

“阿鱼是一个美女”为真。

我刚才拆分的 3 个分论点属于分组正确的示范，那什么是分组错误的示范呢？

比如同样的话题，我们的论题还是“阿鱼是一个美女”。

但我现在把它拆分为这样 4 个分论点：

①阿鱼的心灵美。

②阿鱼的灵魂美。

③阿鱼的嘴巴美。

④阿鱼的五官美。

你看，阿鱼的心灵美和灵魂美就有交叉了，灵魂美的人心灵难道会不美吗？阿鱼的嘴巴美和阿鱼的五官美也交叉了，一个五官美的人，嘴巴难道会不美吗？难道嘴巴就不属于五官的一部分了吗？

这就是我们所说的，在分组时，一定要保证分论点彼此不交叉且完整。现在你应该了解什么才是正确的“分组”方法了，我们就可以进行第二步了。

第二步：归类

归类归的是什么呢？论据。

归类如同做连线题，我们有很多能够证明阿鱼美的论据，那么我们应该在什么时候用它，又在论证什么分论点时把它摆出来，这就需要我们归类了。归类就简单多了，我们只需要看论据是否满足分组属性就行了。

比如，我给大家以下这些论据，请大家把这些论据进行分类，看看这些论据分别属于气质美、长相美、身材美这三组的哪一组："眼睛大、嘴巴小、皮肤白、腿长、说话幽默、思想有趣、瘦、胳膊细、心地善良。"

大家应该很快能完成归类。

气质美：说话幽默、思想有趣、心地善良。

长相美：眼睛大、嘴巴小、皮肤白。

身材美：腿长、瘦、胳膊细。

看到这里，恭喜你已经学会归类了。只需要按这两个步骤执行，就可以把我们要写的文章中所包含的论点和论据都做好分组归类。现在让我们写文章，还是有些困难。

我们在写文章的时候，应该先写哪个论点，先列哪个论据呢？

为了解决这个问题，我们就需要"比"，比出一个所以然来，然后进行排序。

（4）常用的比较标准

时间

即按时间顺序对信息进行排序。当然，并不是说先发生的就要先说，我们也可以倒叙。重要的是，排序的方式一定要符合时间线发展的规律。请注意，我说的是时间线，时间是线性发展的，所以我们叙述信息也需要运用线性的叙述方式。至于在时间线上，你是想从后往前叙述还是从前往后叙述，或者从中间叙述，就看你的心情了。

比如，你跟领导汇报工作时一般会这样说："我今天完成了 xxx 工作，明天计划完成 xxx 工作。"

这就是一种按时间顺序的表达。

结构

你可以把结构理解成拼图，先拼这一块，再拼那一块，把每一块都拼好之后，就是一份完整的拼图了。按结构排序的叙述方式也是这样的道理，把一个组织的各个部分组合在一起就是一个整体。常见的结构有地理空间（像地图）、抽象概念、实物结构。

地理空间的表达举例："我家在成都和重庆之间，房屋以北有一棵枣树，以南有一棵枣树，以东也有一棵枣树，以西还有一棵枣树，我家就被四棵枣树包围在中间。"

抽象概念的表达举例："我的优势是……我的劣势是……

因此我现在面临的威胁是……潜藏的机会是……"

实物结构的表达举例："杯子的底部印有一个 Logo，杯身印有一个 Logo，杯盖上还印有一个同样的 Logo。"

重要性

这个排序方法我们经常用到，简单来说，就看你怎么定义一类事物的重要性，你可以完全按照你的定义把所有信息分出重要性等级，然后再依次进行表达。但在分重要性等级之前还得先做一件事——分类。

比如，苹果和西红柿你都很喜欢吃，那你怎么分重要性等级呢？把苹果分到水果类，把它排到水果类第一名；把西红柿分到蔬菜类，把它排到蔬菜类第一名。这个重要性分级标准怎么定义呢？根据你的喜爱程度定义。而分类标准，就看你了。

好了，看到这里，相信你已经基本掌握了表达的思路和逻辑，接下来你要做的就是把这些思维化的东西变成实质化的运用，多多练习即可。考虑到这样的表达思路你才刚刚掌握，为了避免你在练习的过程中途丧气，我再跟你分享几个"拿来即用"的表达技巧，保证你看完之后立马学会，自信满满。

（5）"拿来即用"的表达模型

ARE 思维模型

这是一个非常简单的思维模型，我第一次了解到这个思维模型得益于我的雅思口语老师。当我学习一门陌生的语言，需要对一个问题表达自己的想法时，我常常遇到无话可说或者不知道说什么的情况，这就是我们最原始的表达状态。这个思维模型可以帮我们很好地解决这个问题。

首先我们要搞清楚，什么是 ARE 模型？

Answer（答案）：你对问题的答案。

Reason（原因）：你给出这个答案的原因。

Example（例子）：给出 1~2 个你所说原因的例子。

我们现在就来提问并试着回答一下。

问题一：“你喜欢吃土豆还是西红柿？”

Answer（答案）：“我喜欢吃西红柿。”

Reason（原因）：“因为西红柿更有营养，而且我喜欢吃酸的。”

Example（例子）：“西红柿里有很丰富的维生素，我有一段时间每天吃一个，发现自己的皮肤都变白了，气色也好了很多。另外，酸酸的东西会让我感到特别兴奋，吃了一次之后我就爱上了这种感觉。”

问题二：“你喜不喜欢我？”

Answer（答案）：“我喜欢你。”

Reason（原因）：“因为我一看到你就觉得开心，你是我的开心果。”

Example（例子）：“上次我跟你一起去参加一个朋友的生日聚会，我给她端上蛋糕时，那个蛋糕居然因为做得太高，断了。当我感到特别内疚和伤心的时候，你却笑着说：‘哇，这蛋糕这么主动，为英雄折腰啊！恭喜你！寿星公！’你的一句话不仅让我不伤心了，也巧妙化解了在场所有人的尴尬。”

刚才我提了两个问题，给了两个回答，你有没有发现这两个回答不一样呢？严格来说，问题一给出的例子并不是合格的例子，只能算是对上一个原因的再解释，即原因的原因。只有第二个问题里面给的例子才是我们理解正确的例子。

这么说，第一个回答就错了，没有遵循 ARE 模型了吗？不是，这两种例子都是可以的。至于适用于什么情况，就要根据问题本身而言了。像第一个问题——你喜欢吃土豆还是西红柿？你发现我根本没有合适的例子，这时我们就可以对我们给出的原因进行进一步解释，这样的思路就没有问题了。

复盘思维

“复盘”这个词可太流行了，听上去是不是觉得有些“高大上”？其实所谓的复盘，就是让我们对已经做过的事情再重新反思一遍，通过回顾、重演和分析，找到当时遇到问题的原因，从而总结失败或成功的规律，得出的规律其实就是所谓的经验，而这些经验又能指导我们下一次的行动。

怎么把这个思维用在表达上呢？

首先，你打开电脑上的一个思维导图软件，在里面填好你今天要思考的问题。比如，你的领导说你写的策划案简直不知所云，让你好好反思反思。你要反思什么？要反思你写策划案的过程，这样才能想清楚为什么你会把策划案写成这个样子，下次应该怎么写。

你可以列举多个问题，比如，我的策划案为什么会让别人看不懂？我写这个策划案的时候为什么没去参考其他好的策划案？我为什么要先写这个，再写这个……

总之，尽可能多地列举问题，越详细越好。

写完问题之后，我们不能放着不管，还要寻找和思考这些问题的答案。当我们思考清楚后，就知道我们在哪些方面有问题，哪些方面做得好了。将这些总结记下来，作为我们下次做事的指导。

在你需要向他人表达你的问题和总结的时候，就可以按思维导图列下问题，一一回答即可。

电梯法则

也被称为“电梯游说”，即用极具吸引力的方式简明扼要地阐述自己的观点。例如，你在电梯里，需要在 30 秒的时间里向一位关系到公司前途的大客户推广产品，而且必须成功。

这个方法来自著名的咨询公司——麦肯锡，据说还源于一个真实事件：麦肯锡公司有一个大客户，一次，麦肯锡的咨询顾问在电梯间遇到了对方公司的董事长，这个董事长就问顾问："你能不能说一下你们公司能做到哪种程度呢？"结果因为这个顾问毫无准备，而且在 30 秒的乘梯时间内也无法说清楚，最终，麦肯锡公司失去了这个大客户。

从那以后，麦肯锡公司就要求员工至少要在 30 秒内做到能把事情表达清楚，这就是电梯法则。

所以下次，在你想表达的时候，试试自己能不能在 30 秒内把事情说清楚吧。

好了，这章的内容就到这里了，照例送给大家一句我喜欢的话："每个人都要挺过一段难熬的日子，没有例外。"

第五章

如何把控行文逻辑

能写好文案是一种优势，然而掌握这种优势可并非易事。

事实上，很多刚开始学写文案的人都会陷入一个误区，觉得自己写的东西不讨喜是因为文笔不好、没梗没意思、文学修养不高、不能引经据典。的确，这些都是影响我们产出好文案的因素。但是朋友，你最大的问题可能根本不在于此！

我曾经做过一段时间的文案指导，主要是为企业选拔、筛选和培养出合格的文案人才。我发现一个事实，就是大多数文案小白压根儿还没到需要深研辞藻、打磨文风的地步，因为他们连基本的行文逻辑都没搞清楚。什么是行文逻辑？就是整个文案的骨架，如果骨架歪了，那么就算把辞藻修饰得再华丽也无济于事。你可能会说，文案创作难道不是各凭本事、各放光彩吗？既然是百花齐放，为什么还要有标准骨架，自己创造骨架不就行了吗？标准由我自己来定不可以吗？

朋友，这看似很有道理，但是，此骨架非彼骨架。我这里说的行文逻辑是作者和读者之间的一种无形契约，这是长期以来所有作者和读者达成的共识，是潜移默化的一些规矩。

考虑到讲行文逻辑需要涵盖整篇文章，所以我选择以短视频文案作为主要案例。原因有二：一是短视频文案在当下很受欢迎，受众极广，既然举例就要举大众熟悉的；二是短视频文案极短，一般控制在三五百字以内，尽可能精简字数的同时把事情说清，把故事讲得感人，并确保没有明显的逻辑漏洞。

可谓戴着镣铐跳舞，难度极高。

因此，倘若我们能把短视频文案的行文逻辑处理好，那么长文自然也不在话下。

就现有的短视频文案而言，我将它分成三大生态，即故事生态、知识生态、情绪生态。这三大生态的文案行文逻辑，在侧重点上各有不同。

1. 故事生态

顾名思义，故事生态就是要你讲一件事。请注意，一件事可不仅仅指故事，这两者是包含关系。下面这篇文案是我看过的学员真实案例。

40多岁的大叔出差培训学习还带着孩子是一种什么体验？

我结婚有点儿晚，虽然不算老来得子吧，儿子班上同学的家长基本比我小10岁，有时候亲子活动真跑不过他们“80后”。

我儿子小时候特可爱，他妈不给买玩具，我经常给他买乐高；他妈不让喝饮料，我就经常给他买雪碧；他妈不让他玩游戏，我还把iPad升级成了iPad Air。可能很多老爸都和我一样，带孩子的方法就是扔个手机或者iPad，我可能真不是一个称职的老爸。

后来女儿出生，就更不能让他妈一人带俩孩子了，尤其是到了寒暑假，我出差也好，去学习也罢，都会把儿子带在身边。我每次都担心他在会场捣乱或者跑丢，出差学习时都心神不定。后来，儿子慢慢长大，我开会学习时他会自己看书，也会完成老师布置的作业，在吃饱饭后也能自己上网课，因为他看到爸爸也在学习。尤其有一次儿子看到我疲惫地蜷缩在酒桌后，他说："爸爸，你可以的。"那个时候我突然觉得，儿子真的长大了。

有人说"恩生于害，害生于恩"，看似呵护的照顾反而会害了孩子。

我并不是完美的爸爸，但在你成长的路上不会缺席你的每一段路，是我能给你的最好的爱。

在你看完这篇短视频文案后，我想问你 3 个问题：

（1）你觉得这篇文案想讲什么？

（2）你看完第一句话后期望这篇文案给你讲什么？

（3）你看完了是感动还是想说："这是啥玩意儿？"

回答完这 3 个问题，再让我们回过去看这篇文案，你会发现这篇文案背叛了你，因为它让你失望了。

来看看这篇文案开头的第一句话，他说他要干什么？

他要告诉你"40 多岁的大叔出差培训学习还带着孩子是一种什么体验"。

看这个文案开头你感兴趣吗？是不是只有感兴趣了，你才会继续看下去？去听他讲 40 岁大叔出差培训学习还带着孩子到底是怎样一种体验。

这篇文案的第二段写了什么？

“我结婚有点儿晚，虽然不算老来得子吧，儿子班上同学的家长基本比我小10岁，有时候亲子活动真跑不过他们‘80后’。”

跟你想知道的体验有关系吗？没有。这个时候作为读者就会开始觉得烦了，因为你觉得他在扯闲篇。

你原本因为没有这种体验感到好奇，所以才想继续看下去，结果作者勾起了你的好奇心，却给你讲了一件别的事。

其实当我们创作出一篇文案时，你作为一个作者，已经和读者之间形成了一份隐性的契约。比如，作者开头说我要讲一个西瓜，有一个读者一看文章开头，正好对西瓜感兴趣，就会看下去，这时候契约就达成了。结果读者看下去，发现接下来的文案，作者居然讲了一个梨！读者是对西瓜感兴趣才愿意看的，结果作者在讲梨，此时的作者就没有遵守和读者之间的隐性契约。

在这个生态里，这就是没有遵守行文逻辑。

故事生态的行文逻辑是什么？就是你写的每一句都得围绕你要讲的事去写，跟写作文别跑题是一样的道理。但道理这么简单，为什么还是有这么多人不遵守？我做一个不恰当的类比，这就跟人生一样，大道理都懂，真做起来脑子就糊涂了，一进入创作过程就容易犯糊涂。比如，你写第一段时还对自己要写的东西很明确；但写第二段时突然觉得还有一件事好像也可以证明自己想写的东西，只是逻辑上有一点点不对，不过无伤大雅，于是就写上去了；写第三段时又觉得另一件事可以证明自己在第二段提到的事，只是跟主题稍微有一点点偏离。最后，整篇文案写完，你觉得没什么问题，拿给外人一看——写的啥玩意儿？

正因为有了以上这些一点点不对的堆积，才让你整篇文案的脉络混乱。这些小问题我们在写的时候往往没有意识或者很难意识到，所以就成了一个无法解决的问题……

既然写的时候实在没办法避免，那就写完了返回去改啊，实在不行咱们就多改几遍。

接下来看那篇文案的第三段，检查它的内容跟开头的主题有没有关系。

“我儿子小时候特可爱，他妈不给他买玩具，我经常给他买乐高；他妈不让喝饮料，我就经常给他买雪碧；他妈不让他玩游戏，我还把 iPad 升级成了 iPad Air。可能很多老爸都和我一样，带孩子的方法就是扔个手机或者 iPad，我可能真不是一个称职的老爸。”

这一段讲体验了吗？没有，所以这段没用，删掉。

我们继续看下去。

“后来女儿出生，就更不能让他妈一人带俩孩子了，尤其是到了寒暑假，我出差也好，去学习也罢，都会把儿子带在身边。我每次都担心他在会场捣乱或者跑丢，出差学习时都心神不定。后来，儿子慢慢长大，我开会学习时他会自己看书，也会完成老师布置的作业，在吃饱饭后也能自己上网课，因为他看到爸爸也在学习。尤其有一次儿子看到我疲惫地蜷缩在酒桌后，他说：‘爸爸，你可以的。’那个时候我突然觉得，儿子真的长大了。”

这一段作者终于讲了一点儿出差带孩子的体验，但是也不多，而且讲得很空，比如孩子在会场捣乱，但没说具体怎么捣乱，文案结尾感叹儿子长大了。

好了，现在这篇文案我们都快看完了却还没有看到想看的，所以这篇文案如果是想讲 40 多岁的大叔出差培训学习还带着孩子是一种什么体验，可能需要大改特改。

现在让我们重新梳理一下这篇文案，在动笔之前，就文案想讲的话题，切换思维角度，站在读者的角度去思考。

仔细想想，在这个话题之下，你作为读者，到底想看什么？

假设你、我是皇宫里面的两个小宫女，我突然跟你说：“喂，你附耳过来，我给你讲一个大八卦！”然后你被强烈的好奇心操控，真的放下手里的活儿，凑到我身边来听我说八卦。结果我跟你说：“昨天晚上一个默默无闻的小宫女偷偷藏在皇上必经的路上吸引皇上的注意，最后居然真的成功爬上龙床，现在一下子成为贵人了。”

我这样给你讲八卦，你一定会给我一记白眼并且赏我一顿闷拳。你想听的怎么可能是这样的东西呢？宫女飞上枝头当凤凰的段子在宫里多常见，谁不知道啊？但你为啥还想听这种八卦，因为你想听细节啊！那个宫女是怎么吸引到皇上注意的？中间遇到什么困难了吗？

细节、细节、细节！请你一定要记住，人类听故事都是有细节上瘾症的。

返回到原来的文案，作者讲他出差带孩子的体验，说孩子在会场捣乱，要怎么写细节呢？比如，孩子把会场的桌布都扯了，躺在会场哇哇乱叫；他乱跑乱叫还撞到了人，迫使作者不得不低三下四地给别人道歉；作者想管他却没空管，又要忙着处理工作的事，又要分心管孩子，结果啥也没干好。这些叫细节。

如果这篇文案的作者能够描述出这些细节，才算遵守了与读者之间的隐性契约。所以，行文逻辑的第一要义，就是先讲读者想听的。

好，作者讲完了读者想听的，接下来就可以讲自己想讲的了。作者可以做个总结，说自己在这个过程中发现不能太宠着孩子，该教的规矩得教，但最重要的还是得多花时间去跟孩子交流，去了解孩子的内心世界，总以为自己把孩子带在身边就是陪伴了，其实真正的陪伴是和孩子真诚、平等地对话。这样这个文案就可以结尾了。

所以朋友，写文案的第一步，就是遵守行文逻辑，学会满足读者的期待，先讲读者想听的，再讲你想讲的，而在故事生态里，读者想听的是细节。

2. 知识生态

什么样的文案属于知识生态？简单来说，只要你的文案是为了让读者学到一点儿有用的东西，你的文案就属于知识生态。请看以下两篇文案，这是我个人拍摄抖音视频时写的两篇知识型文案，请你在看完之后大胆猜一下，哪一篇文案更受欢迎？

A. 舒尔特方格训练法

为什么有人用 2 小时读完一本书，你却一句话要读好几遍才能看懂，看完还记不住。宝贝，你运气绝了，刷到了我。接下来我要分享的训练方法，能帮你快速得到一目十行的能力。哦，家长们麻烦直接收藏这个视频，因为这个视频还能提高学生的注意力。

首先，在纸上画 25 个小方格子，其实也大可不必，去应用商店搜“舒尔特”，有许多现成的 APP。

然后，在这些格子里随机填上 1~25 的数字，接下来就盯着它，把每个数字对应的位置记清楚。

最后，确认自己记住了之后，拿出一张同样的纸画上格子，在空白格子里填刚才的数字。

准确率越高，用时越短，你就越牛。

这个方法最开始是用来训练宇航员和飞行员的，别看简单，如果你每天花 5 分钟，不出一个月就能发现效果显著。好了，我是阿鱼，一个爱思考的年轻人，收藏我比收藏视频有用啊！朋友。

B. 麦肯锡图表工作法

麦肯锡图表工作法，话不多说，简单举例让大家理解这个方法。我将用它科学地分析我丑在哪儿，整容要整哪儿。

（1）寻找真相：解决问题之前要判断问题及问题的严重性，大家可能已经开始研究我该整哪儿了，但事实上，我们要探讨的第一个问题应该是：我是不是真的丑？要搞清楚这个问题，我们要用数据分析。

（2）制作图表：采取横纵向两种比较法。这是我的身高、体重、五官分布与标准值的对比，这是我近半年的体重变化，其他表就不放了。

（3）最后分析数据，挖掘问题。根据分析，我属于中等颜值，丑的主要原因是皮肤不好，此外鼻头过大，眼睛稍小。总体分析下来我还没有丑到需要整容，可以通过化妆解决。

好了，其实我刚才说得很省略，毕竟为了娱乐嘛。建议大家完整地去看这本《麦肯锡图表工作法》。大家放心，我让出版社寄了样品给我，闻闻这味儿，是正版的味道。

这两个短视频文案，最后拍摄出来的时长差不多，都是45秒左右，而且知识点的操作难度差不多。看完之后，你觉得哪个文案拍出来的视频比较火？

我来告诉你吧，是A文案。

A文案拍出来的视频有40多万赞，我通过这个视频在一周内涨了20多万粉丝，是不是觉得很夸张？为什么能涨这么多粉丝？另一个视频是不是也涨粉不少呢？恰恰相反，B文案拍出来的视频，勉强上了1000个赞，别说涨粉了，没掉粉都不错了。为什么这两者之间会有这么大的差距？让我们分别看看两篇文案的开头。

A："为什么有人用2小时读完一本书，你却一句话要读好几遍才能看懂，看完还记不住。宝贝，你运气绝了，刷到了我。接下来我要分享的训练方法，能帮你快速得到一目十行的能力。哦，家长们麻烦直接收藏这个视频……"

A文案提出问题，营造场景，指出困境——明示好处，让读者产生对知识点的期待——明 / 暗示点赞关注。

B：麦肯锡图表工作法，话不多说，简单举例让大家理解这个方法。我将用它科学地分析我丑在哪儿，整容要整哪儿。

B文案开门见山，直接提出知识点——抛出例子。

发现这两者的差别了吗？写知识生态的文案，不管你的知识点有多厉害，文案开头也得让读者先意识到你的知识点厉害在哪儿，能带给他们什么实质性的帮助。只有让读者对你接下来的知识点产生期待，他才有可能看下去，不然他为什么要花时间去看一个对自己完全没有帮助的知识点？

假如你是个文科生，有人跟你说："来，你先别看电视了，听我来跟你聊聊量子力学。"你心里会怎么想？你肯定会直接说："神经病啊，还想耽误我愉快地玩耍，滚一边儿去。"

但是如果那个人跟你说："快别看电视了，这种穿越剧光看有什么意思，我给你讲个特别牛的知识点，你学会了说不定还能像女主角一样穿越，跑到古代混个享尽荣华富贵的皇后当当。"这时候你想听吗？

刚才我们的举例虽然显得很无厘头，但我把知识生态的行文逻辑运用得很准确。你看，我抓住了用户感兴趣的点，结合这个点举例明示学习它能给大家带来的好处，让用户对我后续内容产生期待。

有了这份期待，即使我后续讲得再枯燥，大家也有了更多听下去的动力。

A、B 两篇文案在真正讲解知识点的时候，其实用的方式差别不大，就是我在本书提到的表达方法，运用时间顺序和一些逻辑顺序词来降低读者的理解难度，理解他们的学习思路，这也属于知识生态里的行文逻辑的一部分。毕竟读者看你的文案，是希望你把知识简单化，而不是混乱化。

再看A文案的最后一段：

这个方法最开始是用来训练宇航员和飞行员的，别看简单，如果你每天花5分钟，不出一个月就能发现效果显著。好了，我是阿鱼，一个爱思考的年轻人，收藏我比收藏视频有用啊！朋友。

再次强调知识点的重要性，加深读者脑中的印象—暗示操作简单—强调学习之后带来的变化—明、暗示点赞关注。

B文案的最后一段：

好了，其实我刚才说得很省略，毕竟为了娱乐嘛。建议大家完整地去看这本《麦肯锡图表工作法》。大家放心，我让出版社寄了样品给我，闻闻这味儿，是正版的味道。

暗示这个文案看了用处不大（说自己讲得很省略，约等于没什么用）—加大了操作难度（还得再去看书）—卖书（背离了读者对内容的期待）。

分析了这两篇文案之后，你是不是能理解它们为什么在数据上有如此大的差别了？你搞清楚知识生态的行文逻辑了吗？

开头必做两件事：

①提出问题，营造场景，指出困境。

②明示好处，让读者产生对知识点的期待。

中间注意两件事：

①逻辑。

②顺序。

目的是降低读者的理解难度，帮他们厘清思路。

结尾强调三个点：

①强调知识点的重要性，加深读者脑中的印象。

②暗示操作简单。

③强调学习之后带来的变化。

3. 情绪生态

所谓的情绪生态文案，无非就是指那些能够唤起你的情绪，让你产生共鸣的文案。比如，我们常常看见的那些心灵鸡汤，就属于情绪生态。

但是，刚入门的许多文案创作者总是把情绪理解成喜怒哀乐，或者是通过悲欢离合去表达喜怒哀乐，其实这是不对的。情绪是一种非常奇妙的东西，倘若你跟我相处，我不说话你也能感受到我的情绪；倘若你不认识我，我用再多的词去形容我的心情，你也无法跟我感同身受。

这个世界的大多数情绪都无法直接用文字表达，这是事实。

情绪更像一条难以捕捉的暗流，不知从何而来，也不清楚去向何方，我们想搞清楚它的流动路线，但它是暗流，时刻变换，时刻涌动。

所以，想创作出好的情绪文案，不应该总想着如何运用情绪、制造情绪，也不能想着要怎么用它，而是要想自己的文案应该怎样顺从它。既然情绪是暗流，那么我们想要借它的势，就得在它的周围堆砌文字，让你的文字跟着情绪走，而不是让你的文字去掌控情绪。舍弃那些你迫切想要使用的尖锐词语，它们不会让读者感受到你的情绪。

比如，对爱情的绝望、对亲情的温暖、对朋友的忌妒、对自己的恨铁不成钢……这些情绪，你无法用文字直接表达，因为在情绪面前，文字太局限了，即使你用再多的篇幅也无法表达清楚一种微妙的情绪。这时，你要做的就是不要去想写文案这件事，用心去感觉你的情绪，用心去记住情绪的每一次起伏，记住这样的感觉，把握它的变化，然后输出文案。

你在文案中写："我们分手了，我伤心透了，我好难过。"没人会懂你的难过。但如果你记住了当初造成你难过的那种感觉，记住了带给你难过的事件和当时情绪的变化，你再原封不动地把当时造成你情绪变化的事物描述出来，记录你的情绪起伏，单纯只做一个记录者，效果往往就达到了。

比如，我刚工作不到一年，请了 4 天的假，买了机票去上海，想跟某个男孩告白，但那个男孩却百般推辞拒绝跟我见面。好不容易见面后，我正打算跟他开口时，他先开口了，他说："我跟你讲，我其实一直有一个暗恋的人，我听说她前几天分手了，你给我出出主意……"那一瞬间我明白了，原来以前我们之间那些若有若无的暧昧和试探他都懂，只是一直装作不懂。我失恋了。后来的几天，我从早到晚一个人背着相机游荡在上海的大街小巷。即将离开的最后一天晚上，我走在某个有梧桐树的陌生街头，一个人走走停停之时，我在不停地感受自己的情绪，因为感受得太清晰了，每一种起伏，那些脉搏和心脏跳动的细节，我至今仍然记得。于是我在十几天后写出："那天我们告别，城市有大雨的前兆，梧桐哗然潇洒，许多人都忙着拍照，而我只是徐徐而过，那些叶子枯了，不该落在心底，就该落在地上。"我没有用任何的情话词语，只是做了一个简单的描述，但你有没有感受到我当时难过却毅然决然的心情呢？你是否在某一瞬间和我感同身受了呢？

我想这样随情绪而走的描述一定比我直接说"我失恋了，我好难过"更让你感受得到吧？

我做了什么呢？我只是一个普通的情绪记录者而已，只是记录了当时的情绪环境和情绪起伏。

所以，请记住情绪生态行文逻辑里的重点：情绪不能被创作，只能被记录。

我们要从哪里开始记录呢？

（1）埋下情绪的种子

情绪虽然是暗流，但也能够让人感知。如果是无法被感知的暗流，那就毫无用处了。暗流涌动，前提是真的有水可流。之所以把这一步取名为"埋种子"，是因为情绪本身就是一个逐渐积累的过程，积累到一定程度就会在一个点彻底爆发。这个过程就像埋下一颗种子，静等它发芽的过程。你可以把这个过程理解为铺垫或者是伏笔。在这一步，我们的目的就是向读者空空如也的心里投入一颗情绪的种子，让他能感知到。我们有目的地抛出一个东西，让读者对你抛出的东西产生一种期待，在无形之间就营造了调动读者情绪的空间。一般来说，这样的种子可以是一个场景，比如，庭院里有棵枇杷树；也可以是一件事，比如，今天分手了；还可以是一个问题，比如，做了别人爱情里的多余人是什么体验？

（2）搭建供情绪滋生的支架

逻辑就是支架。你可以这样理解，情绪是种子，发芽后会长出藤蔓，要想让你的情绪健康地生长下去，你就要给它搭一个可供攀爬的支架。这个支架非常重要，它是我们所有情绪的合理性支撑，如果你的支架是直的，情绪就可以正常往上；但如果你的支架弯了，那么情绪就会产生偏移。偏移的情绪无法保证正常上升，自然就无法正常达到爆发点。

怎么做才能保证我们的支架是直的，让情绪正常上升呢？这就需要我们在叙事时实现逻辑自洽。如果说刚开始我们只是用一个点埋了种子，那么现在就是我们记录情绪生长过程的时候了。要怎么记录呢？所谓的逻辑自洽用在什么地方呢？我们要记录的是故事和场景，而逻辑自洽用在这里无非就是让我们的故事和场景合理。比如，我分手了，感觉很难过，总不可能无缘无故地分手吧？不能正在跟男友你侬我侬地互相依偎，下一秒就分手吧？不可能你上一秒还在巴黎铁塔喂鸽子，下一秒就在土耳其乘热气球，你更不能描述一个场景说你在三亚海边赏雪吧？

（3）给情绪的种子浇上膨胀生长的水

想让情绪的种子生长起来，你不能不浇水。让种子时刻被照顾到，生长在一个适合的环境中，你可以把这个过程理解为保持作品的沉浸感。

举个例子，我刚才不是写了一个分手的场景吗？

“那天我们告别，城市有大雨的前兆，梧桐哗然潇洒，许多人都忙着拍照，而我只是徐徐而过，那些叶子枯了，不该落在心底，就该落在地上。”

这段文案，到目前为止一直都处于沉浸状态。你看如果我是这样写的呢：

“那天我们告别，城市有大雨的前兆，梧桐哗然潇洒，许多人都忙着拍照，但是我就是不拍，因为我是个没化妆还被人甩了的丑鬼，我不配，再说这大冷天冷飕飕的不回家吃饭还拍什么照？吃饭去！”

是不是一下子感觉背景音乐都换了？画风突变啊！你刚酝酿起的情绪“唰”的一下子就被我搞没了。这就是没有保持沉浸感的文案。

（4）提供引爆点：开出情绪共鸣之花

我们花了那么长的时间去培养一颗情绪的种子，到这里，它也该开花了，而这个花就是共鸣之花。共鸣就是我们所有作者的终极目标，让读者在我们的文案中和我们感同身受，一起将积累起来的情绪宣泄出来。我想这个时候，应该就是读者和作者一起达到的高潮。

共鸣之花的绽放一定不能是无缘无故的，它需要一个爆发点。这个爆发点就是你设置的事件或者场景。这个时候不要想着去用任何的形容词，记住，只描述事件或者场景，只有这样的描述才能让读者的脑海中有画面，而此刻读者脑海中的画面就是承载我们情绪爆发的载体。当然，这个载体也可以是金句，但是你我都知道，创作金句不是那么简单的事情，创作金句需要“一点儿智慧 + 一点儿技巧”。这不是普通文案创作中可以信手拈来的，所以与其指望金句，不如实在一点儿，只描述事件和场景。

跟大家透露一下，下面我真的会跟你分享金句创作的技巧。不过请注意，仅仅是技巧而已，智慧方面，我可没办法帮你开悟。

结尾，送给你一句话：“现在的日子是在筹备以后的压轴好运。”

第六章

如何讲好一个故事

本事撑得起故事，终成佳话；本事撑不起故事，终成笑话。

本事方面就得靠你自己努力了，但故事方面，我还可以帮你一点儿忙。现在我们已经知道了，会讲故事很重要。我先简短说说它为什么重要吧：人类，是会被故事感动的。故事是人们认识世界的基本方式。

我们恰好生活在一个信息过载的时代，在这个时代，我们每个人都有机会走向世界的前台，讲上5分钟的故事，但是请记住，我们也仅仅只有5分钟。讲故事虽然是一个强有力的工具，但用起来也是一项技术活儿。

在职场上，倘若你是一个很会讲故事的人，那么讲故事能够大幅度提升你的职场竞争力，因为故事会唤起人们的情绪，让人们对讲故事的人产生好感，有助于建立信任，从而影响人们做出决策。当你演讲、做营销、想要打动你的客户、赢得上司的好感之时，这项技能是不是就变得很有必要？

在生活中，讲故事也是很好的相处润滑剂，你可以让对方觉得你讲话有意思，你有一个有趣的灵魂。

所以，生活中充满了需要你讲故事的时刻。

然而，讲故事并非要像说书先生那样才叫讲故事。

如何讲好一个故事？我终于要切入正题了。

1. 故事是如何构成的

你的人生有故事吗？

如果你每天按部就班地生活，没有什么特别的起伏和意外，这种普普通通的小日子就不能算是故事。除非你某天突然中彩票或生病了，你就有故事了。因为有意外才有故事，故事的本质就是事故。

所以现在，你希望你的人生有故事吗？

应该没人会希望吧？

但我们没有故事就不能写故事了吗？那倒不至于，我们要感谢人类特有的一种能力，这种能力叫作共情力。

我们可以不拿自己的人生去体验故事，这相当不划算。我们可以把别人的故事作为自己的创作灵感，这话说来残忍，但也很真实，你最好期待你的人生没有故事。

接下来请看这张图，这就是故事的基本结构，也就是所谓的 LOCK 系统。

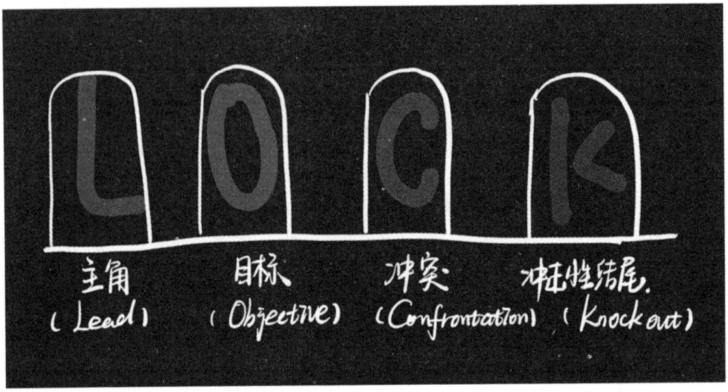

这是詹姆士·史考特·贝尔在《这样写出畅销小说》里所提到的一个很好的方法。大家也可以去看看原书，因为我在介绍 LOCK 系统的时候时候加入了自己的想法，和书里介绍的有些出入。

L——主角（Lead）

众所周知，每个故事都有主角。

请你想象一下，如果天桥下面蹲了一排乞丐，每个人面前都有一个牌子和一个碗，都写了自己有多惨，想让你给他们点儿钱。但偏偏有一个乞丐，他拿着两支筷子敲碗做伴奏，用 rap 的形式把自己的遭遇唱了出来，唱得很好听、很真诚，而且你发现，一旦别人给他碗里放了钱，他还会 freestyle 一段祝福词。

你会对谁印象更深刻？更愿意给谁钱呢？

答案很明显，对吧?

所以我想要强调的是，我们在写故事前，要先设置主角人设，而这个人设一定要有趣、有特点，最好是非典型人物，但是又贴近生活。

这里有几个方法可以供大家参考。

(1) 不要塑造一个典型人物

当你想到一个人物时，一定要把你首先想到的形容词画一个圈，找一个完全相反的词去替换它。

(2) 让人物表里不一

主角明明是一个柔弱的女人，但偏偏又敢做男人都不敢做的事，明明嘴笨又能说出最动人的情话，明明自卑偏偏又有自己的骄傲，表面腹黑内心却极其单纯善良。如此种种表里不一，才会让人物更有性格张力。

(3) 让人物和自身的缺点做斗争

我的人设是一个不努力的人，这是我的缺点，但是我还想尝试做一些事情去战胜这个缺点。

如果你在设定人设的时候就已经有让人眼前一亮的东西，那么你这个故事大概率是不会差的。

这个人设在设置的时候应该主要考虑性格方面，然后再通过背景做铺垫，通过情节去表现，让这个人合理化。

O——目标（Objective）

这个词刚抛出来，你可能会觉得不明所以。什么目标？谁的目标？

我们这样想，故事不是就要写发生了什么事吗？主角是什么人，我们已经在第一步确定下来了，但是他要干什么事，我们还没确定。

我们作为人，一旦做一件事，是不是就会有做事的目标？我为了填饱肚子，所以要吃饭，不吃饭就要承担饿肚子的后果，道理就是这么简单。如果你想安排你笔下的主角做某件事，那么作为作者，你要先为他明确做这件事的目标，为什么要去做这件事？做成了会获得什么？没做成会失去什么？

他为什么要去做这件事，这就是目标，也是主角做这件事的动机。

当然，这只是第一个目标，这个目标是为了让你在写故事的时候没有明显的逻辑漏洞。你这样做了，这样想了，至少不会让读者在看了你写的故事后觉得主角脑子有毛病——主角为啥要费那么大的力气去做一件不知为何要做的事情？

写故事时我们通常会给主角设置两种动机：一种是想获得某种事物；另一种是想逃离某种事物。这些事物还必须和主角的生活背景息息相关，他如果不去做这件事，会对他的生活造成很大的影响，他的生活可能会急转直下。在这里再给你提供一个技巧，如果主角的目标和生命有关，他不做这件事就会有死亡威胁，这个故事就刺激了，这样的目标就会让读者跟着主角一起担心。

我们继续拿上文所提到的唱 rap 的乞丐为例，你走近这个乞丐，正打算给他扔钱的时候，他却突然找了个借口骂你，跟你吵架，还跟你扭打起来。你正生气至极的时候，发现他居然借打架的契机偷偷往你手里塞了一个小纸条。你环顾四周，一群男人正向你们的方向走过来……

那一瞬间，你懂了，这个乞丐肯定是被强迫的。

于是你配合他演戏，然后攥着纸条悄悄走到一个角落，打开一看，上面写的是："麻烦你把纸条交到 xxx 超市的李大叔手里，此刻握在你手里的是 30 条人命。请你一定要做到！xxxx。"后面跟着的 xxxxxx 是一串你看不懂的符号。

这时候故事是不是逐渐丰满起来了？乞丐为什么要打你？因为他要把纸条偷塞到你手里。这就是主角做打你这件事的动机。故事的合理性就是由这样无数个动机实现的。

但这样还不够，这样的动机设置只能把它称为小目标，它只是让我们的故事在逻辑上站住了脚，不至于被读者笑话。

要拔高我们的故事格局，还要设置第二个目标，这才是我们故事的核心，是推动故事走向的关键。

继续讲那个唱 rap 的乞丐的故事吧。

如果我们设置这个乞丐是一个年轻的卧底，此刻在天桥下要饭是他打入犯罪分子窝点的前提，他最大的目标其实就是人民警察的目标——匡扶正义，打击犯罪分子，舍生取义地服务人民。

现在理解我所说的目标了吗？我们的故事一定会有一个大目标，这个大目标是我们整个故事想要表达的核心，但是这个目标太大了，我们只能通过一件件小事去把它表达出来。同时，你所写的所有事件，都有一个小目标，这些目标是人物做这件事的动机。这些动机肯定各个不同，但都是为你给故事设立的那个大目标服务的。

就刚才乞丐的事件而言，我们还应该设置一些动机：他为什么要选中你去传纸条，以及他为什么要当警察。

C——冲突（Confrontation）

你有没有过在看电影或电视剧时想给编剧寄刀片的冲动？你会觉得，这个编剧太狠心了，为什么要这么折磨我爱的主角呀，主角太可怜了！

那么我现在告诉你，你要写的故事，也得学会变着法儿地折磨人。主角不是有目标吗？你就是那个恶毒的后妈，你要想方设法地给主角设置障碍，阻止主角完成目标。设置这些障碍就是为了制造冲突，故事精不精彩，很大程度取决于冲突制造得好不好。冲突制造得好，就会让读者跟着你笔下的主角一起揪心，从而陷入故事无法自拔。

接下来，让我们欢迎我们的老演员——唱 rap 的乞丐再次上场!

你好不容易把纸条送到了指定人物的手上，结果那个人其实是个叛徒，他早就和犯罪分子沆瀣一气了。于是，乞丐陷入危险之中，所有人都追杀他。他在躲避追杀的过程中分析出一定是警局有叛徒，抱着惩恶扬善的目的，他要揭露那个叛徒，将他绳之以法。

你看这里就有冲突了，这个冲突是什么?

邪恶与正义的冲突。邪恶势力不停地阻碍正义的主角达到目的，在这期间，我们身为作者，就可以尽情利用这种冲突去折磨主角了。

发挥你的脑洞，把他折磨得越惨越好。

K——冲击性结尾（Kock out）

什么叫冲击性?就是你的结尾一定要给读者“砰”的一拳。结局要么让读者爽到爆，要么让读者笑到哭，要么让读者痛彻心扉，给他们敲一记意味深长的警钟。比如，英勇正义的卧底乞丐，你想给他安排一个怎样的结局?他付出了许多代价，爱人为了救他在他面前壮烈牺牲了，家人也被坏人害死了，最后他虽然获得了表彰，却失去了最亲最爱的人，余生都奉献给了正义的警察事业。

总之，结局一定要给读者一个干净利落的交代，不要拖泥带水，要把前面你埋下的坑全部填上，不然，读者会生气的。

2. 故事的趣味性是怎样产生的

刚才我用 LOCK 系统讲完了故事的结构，你肯定会觉得，如果这样写故事，我的故事就老套了，现在谁还看这么老套的故事啊？朋友，其实故事真的很老套，不信把你看过的所有故事都翻出来再看一遍，是不是 90% 都满足我说的 LOCK 系统？我自学编导的时候学了故事的基本模式，有一句话我记得非常清楚，老师说："世界上有且仅有 36 种故事。不信你现在可以去网上搜一搜关键词：36 种戏剧模式。我们看过的电影和电视剧几乎都属于这 36 种模式之一。"

但是为什么我们明明看的都是同一种套路的故事，还是会觉得每个故事都不一样，并且觉得很好看呢？

我告诉你两个字——预期。

预期就是让我们的故事产生趣味的东西。

（1）建立并满足预期：给读者脑补空间

人类思维的本能在于，他在接受你的设定之后，就会一直在头脑中演戏，而且读者大脑里的戏永远比作者笔下的更多。

因为每个人的经历不同，读者看到你的设定，就会自然而然地联想自己生活中的经历。这样的结果就是，你可能只需要稍微提点一下，他们就能脑补出许多故事。所以，高段位的作者写故事，从来都不是让读者顺着自己写的故事看，而是让他们的大脑有戏可演。

有一次，我发了一条抖音视频，讲了我和老师的一件事。我说我曾经有一次很不尊重我的一位老师，当着全班同学的面让她下不来台，结果老师不仅没有责备我，还借此机会开导、教育了我，我在那个视频里说很感谢当初的那位老师，她引导我成为一个温柔的人。

结果你猜怎么着？

我因为那个视频被很多人发私信骂了。原因各不相同，但几乎所有骂我的人都是通过我在视频里说的，我打断了老师说话的行为，对我进行了各种脑补。脑补的材料是什么呢？就是他们在生活中遇到的那些曾经和我有过一样的行为并且非常讨厌的人。那时他们骂的人已经不是我了，而是当初他们最讨厌的人。

通过这件事情，我再次认识到脑补的力量。

当时的那一批私信，可以说给我提供了大量的素材，我都没有想到，有打断人说话行为的人，原来还可以做那么多的坏事。从此，我的故事里的反派角色更鲜活了。

再比如电影《死神来了》，你觉得这部电影吓人吗？很多时候电影里的主角在自行玩耍，在玩过山车、在做手术，这都是很正常的日常生活，但是你看着他们做任何事情都会为他们感到担心。因为这部电影在最开始就给你建立了预期，这些主角都会死，但是主角不知道，而你这个场外人，虽然知道他们都会死，却不知道他们会在什么时候死。

所以，这时主角越正常，你就越感到恐怖和提心吊胆。

在这个过程中，没有人做任何让你害怕的事情，但你害怕了，你被自己的脑补吓到了。

不过问题也来了，我们要怎么写才能让读者脑补呢？

记住，在讲故事这件事情上，你没有权利干任何一件闲事，哪怕是那些看起来根本不重要的事情也应该起到一个作用，那就是用来建立读者的预期、建立他们的认知。当你把读者的预期建立起来后，还必须回答他们的问题，要跟他们链接，不能白白建立他们的预期。不然这就是一种变相的背叛，会引起读者的愤怒。

比如，你在故事里写了主角去买可乐，那么买可乐这件事就一定要对故事起到作用。他要么就是在买可乐的路上遇到车祸了，要么就是在路上遇到了真爱。不然，你总不能专门花笔墨写主角口渴了去买了一罐可乐，喝完他就回来了吧？你要真的这样写，那你就是在干闲事。

还有一种情况是，你非要去把那些众所周知、顺理成章的事实写进故事里，这些也是废话。我们的故事不需要废话，那些显而易见的事实不需要你专门敲字来说。那么，什么叫显而易见的事实呢？我给你举一个简单的例子。

寒冬腊月，你要出门了，临出门的时候，你妈妈叫住你对你说："外面下雪了，多穿点儿衣服。"

这听上去好像一点儿问题都没有，是不是？

是，也不是。

现实生活中，你妈妈这样说没问题，但是如果在故事中，你妈妈说的后半句——多穿点儿衣服，这就是废话。你妈妈前面都专门叫住你，告诉你外面下雪了，你不知道加衣服吗？这已经是显而易见的事实了，就不需要再明说了。

所以，记住，好故事要让读者自己写，让他们自己脑补，而脑补的方式就是建立预期、满足预期。

（2）偏离预期：引发读者的情绪

我们建立了预期，让读者有了脑补空间，这一步只是在满足他们，想要真正引发读者的情绪，就需要在建立起读者的预期之后再偏离他们的预期，要写一点儿和他们脑中想的不一样的东西。

作为作者，要用什么样的手段才能实现偏离读者的预期呢？三个字——认知差。人和人的认知是有差距的，而人的认知和故事的真相又是有差距的。基于这个差距，我们就可以搞事情了。

比如，我们要写一个坏人，你会怎么写?

如果你写的是这个坏人把好人杀死前大声说：“我这个人心狠手辣，无恶不作，我要杀死你。”

如果你真的这样写，就是典型的没有认知差的表述。

如果我们换一种写法呢?

这个坏人把好人的双腿打断了，然后把好人丢到街上当乞丐，每天只给他一点点吃剩的饭。坏人吃完鸡腿后还强行把剩下的鸡骨头往好人嘴里塞，边塞还边说：“你就安心吃下去吧，讨饭还能遇到像我这样大方的老板，让你尝尝油腥，你非常幸运了。我就是太善良了，你要是落到别人手里，就不是打断腿这么简单了，而是直接把你内脏拆出来卖，你哪里还有机会嚼这么好吃的鸡骨头。”

你看，这个坏人多坏啊！都坏到这个地步了，他还觉得自己是个好人，他那么坏却还认为自己善良。

这样一来，就形成了认知差。你会觉得这个坏人简直坏得令人发指，你肯定会对这个坏而不自知的坏人感到愤怒。

这种认知差不仅可以帮助我们挑起读者对角色的情绪，还可以设定出喜剧效果，给故事埋一些有意思的梗。

比如，电影《西虹市首富》里面，沈腾在电影里说：“我一定会遇到贵人！”

下一秒，他遇到了一个给他跪着的“跪人”。

这样的认知差、喜剧效果是如何产生的呢？其实就是把观众的认知引导到一个方向，而你却在另一个位置出现。

（3）如何找到自己的故事风格

你有没有这种感觉，在读文字的时候，脑子里好像有一个声音在帮你读？你有没有想过，那个声音是谁呢？哈哈，细想是不是觉得有点儿恐怖？

其实我们真的可以想一想，因为讲故事不也需要一个人去讲吗？你想把讲故事的人设置成谁？你提前把这个讲故事的人的形象设立好了，读者会自觉地被带入设计好的角色中。

想把讲故事的人的角色设计好，你需要考虑 3 个问题：

1．你的故事是什么？

2．你喜欢用什么样的人称？

3．统一叙事者形象之后，这个角色要不要在故事中发挥作用？

（4）如何运用故事激发情感共鸣

先充实自己的情感

如果作者本身没有感情，凭什么感动读者？如果我们想塑造真实的、接地气的人物，描述出自然的场景，那么就需要多关注一些细节，提升自身的敏感性，去发现生活中那些能唤起人情绪的点。身为作者，要学会比普通人更敏感，这是最基本的要求。许多人甚至会专门花一段时间去体验生活，或者花几个月的时间跟自己笔下的这类人生活。表演课的老师会让学生真听、真看、真感受，我可以明确地告诉你，想写出真实感人的故事，也需要如此。

多听故事

我在这章开头就说过，人的经历有限，我们不要指望在自己的生活中发生故事,但可以从别人的经历中获得自己的故事。实不相瞒，我从未谈过恋爱，所以我写的第一个有关甜蜜恋爱的故事是通过观察我的室友,听她讲她和男友之间的甜蜜互动，看她的撒娇、脸红写出来的。听别人的故事，用自己的方式讲出来，这就是一种方式。

要设定情绪爆发点

你的故事想给读者传递怎样的情绪？你要通过情节铺垫，运用各种技巧去强化这种情绪，但是这种情绪一定会有一个爆发点，所以你所做的所有铺垫都是为了这个爆发点而服务。你需要在讲故事前就设想好，你要在故事的哪一部分引爆情绪，通过什么样的事件去引爆它。

做好用户分析

总体来说，不管讲什么样的故事，我们一定会有一类主要的受众群。我们需要提前对这类受众进行调查，他们的职业、性格是什么，他们可能会被什么感动，喜欢什么，讨厌什么，会被什么故事吸引。我们了解了他们的需求，摸清楚他们的软肋，才能抵达他们的内心，调动他们的情绪。

让读者带入进你的故事

要做到这一点，就要塑造一个和读者有类似经历的人。至于什么样的类似经历，就要看我们在做用户分析时得出的结论了。只有塑造出跟读者有类似经历的人，才会让读者共情和移情。

用表达方式产生共鸣

写故事时可以从读者熟悉的事物出发，站在读者的角度去表达，替他们说话、发声和提问。从读者本身会遇到的事件出发，说他们平时在生活中不敢说的话。

用细节传递感情

想想你在读一个故事时，往往什么地方最能打动你？我在初中时看过一部言情小说，现在多年过去了，还记得一个细节描述：男主向暗恋许久的女主打电话告白，他很紧张，刚开始跟女主寒暄，说了很多家常话，准备表白时，他专门把手机从左手换到了右手，并不小心咬破了嘴唇。正是这些细节，让我感受到了男主当时的紧张和踌躇。所以，我们在写故事时，一定要构思好细节，必要时多花点儿笔墨重点描写。

表达情绪需要渲染气氛

你跟对象分手，会说分就分吗？肯定不会吧？你要跟他分手肯定也是不满积攒到一定程度，实在忍不了了才会分手，这是一个情绪积累的过程。写故事也一样，需要让读者一点点积累自己的情绪，情绪积累得越多，到后面的爆发才会越激烈。我们也可以从细节开始描写。女孩子在处对象时最爱说的一句话就是：“你对细节的不在意毁了我好多温柔……”

既然如此，就把这样的细节安排上吧！

3. 好故事要做到“三到”

惊到

我们要讲能让读者大开眼界的故事，不要去讲那些老生常谈的内容。你可以多听听别人的奇特经历，然后输出能令人惊叹、让人觉得酷炫的新奇内容。如果你的脑洞和想象力实在有限，也可以让网友帮帮你。什么意思？其实，我以前就在知乎、豆瓣、百度知道提过很多问题，比如，你见过最灵异的事件是什么？到时候会有大量网友帮你提供灵感素材。

乐到

幽默是任何创作的加分项。你可以预先在故事里设计一些包袱和笑点，即使是悲伤的故事，也不能让读者一直哭。

学到

我们每个人活了那么多年，肯定会有自己的经验和干货知识，如果你能把这些东西融入你的故事，让读者学到东西、得到启发，对他们的生活和工作起到帮助，那么你所写的就是非常有价值的故事。

好了，这一章就到这儿了。这一章我要送给你的话是：“人坚持到最后靠的不是激情，而是喜欢和投入。”

第七章

如何押韵并写出有韵律感的文章

文案的韵律是什么？顾名思义，就是“韵”和“律”。我把“韵”理解为押韵的“韵”，而“律”就是规律、旋律。

当文案押韵的时候，读起来会更顺畅，也更朗朗上口，有点儿顺口溜、打油诗的意思。仔细想想，以前上学时那些极易背诵的文章，是不是读起来都很押韵？

但光是一篇朗朗上口的文案未免还是有些单薄，所以还需要“律”的加持，你可以把“律”理解成旋律。我们听歌时，一首歌的基调是悲伤还是欢快一下就能听出来，就是由旋律决定的。文案的“律”和音乐的“律”有异曲同工之妙。如果音乐的“律”是由音调、音符的长短变化决定的，那么文案的“律”就是由句与句之间的长短变化、灵活组合决定的。一篇文章的基调是磅礴大气、柔美文艺还是活泼欢快，读者只需要读几句就能感受到，这就是文案中“律”的魅力。

韵律的学问并非三两句能说得清、道得明，所以我现在专门拿出一章讲讲“韵律”具体是怎么回事。让我们从“韵”开始说起。

1. 让文案变得押韵

到底何为“韵”？

这个“韵”又该怎么押？

押上韵对我们写文案有什么好处？

别急，慢慢往下看。

提前声明，我接下来讲的押韵只适用于我们写现代文案，虽然沿用了许多诗词押韵的老规矩，但是相比古时那些更为严格的押韵规则，我介绍的省去了很多严苛的规矩，要自由、简单得多。

所以，如果用我接下来介绍的押韵规则去写诗词就不够严谨了。

写诗词的押韵规则比较复杂，押韵有专门的韵书，并且不止一本，大家可以把韵书理解为押韵的字典。现在最常用的韵书有《平水韵部》《词林正韵》，以及《广韵》《唐韵》《集韵》《中原音韵》《佩文诗韵》《五音集韵》，如果大家想深研诗词的韵律，可以多读读这些书。

好了，话已至此，我就直入正题了，适合咱们“现代人”

的押韵要怎么玩儿。

（1）搞懂韵母

所谓“押韵”的“韵”，其实就是指“韵部”，而“韵部”又是由什么组成的呢？

其实我们很早就学过了，是比汉字还要先学会的东西——韵母。

请你仔细想想，小时候上课是不是每次遇到不会写的字都会用拼音替代呢？因为拼音是老师最先教的，我们可能不会写字，但是一定会拼拼音。

韵母就是我们学拼音时所学之一。

拼拼音时，每次放在整个拼音最前面的那个字母，是声母。声母一共有 23 个，韵母一共有 24 个。

6 个单韵母：ɑ、o、e、i、u、ü。

8 个复韵母：ɑi、ei、ɑo、ou、ie、üe、iu、ui。

9 个鼻韵母：ɑn、en、in、un、ün、ɑng、eng、ing、ong。

1 个特殊元音字母：er。

以上是一个详细的韵母分类表，我放在这里，便于你随时翻阅，把它当字典查。

我们直接来看看案例吧。

【古诗案例】

日照香炉生紫烟，遥看瀑布挂前川。

“烟”（yān）和“川”（chuān） 押的韵是“ɑn”。

【当代流行的文艺小句子】

忧郁是暗夜裸体，快乐是白日外衣，而真正的生活就是换上不同的外衣淋雨。

“体”（tǐ）和“衣”（yī）押的韵是“i”。

到这里大家已经了解押韵大概是怎么回事了。

行走在文学的江湖，明白押韵是怎么回事其实很简单。但就算把师父教你的招数学会了，真想拿这套功夫去闯荡江湖，还是太嫩了点儿。要想在江湖上立足，还得让为师带你亲自下山闯荡一番，历练过后才能在江湖上站稳脚跟。

所以，押韵实操第一步，我们要先学点儿江湖规矩，也就是押韵规则。闯江湖要随机应变，在不同的地盘讲不同的规矩。押韵也是一样，对不同的文体，我们有不同的规矩。

一般来说，需要用到押韵的在古代有古体诗、词曲和近体诗，现代就是我们的现代诗歌和文案。

（2）古代押韵

古体诗包括古风、歌、行、吟。

古体诗的押韵规则非常宽松，除了押韵之外，不受任何格律的束缚，可以“换韵”“押邻韵”。

【换韵】

“换韵”其实是指写一首诗的时候，一韵到底总归很难，中途换换也是可以的。比如李白《蜀道难》的中段：

问君西游何时还？畏途巉岩不可攀。但见悲鸟号古木，雄飞雌从绕林间。又闻子规啼夜月，愁空山。蜀道之难，难于上青天，使人听此凋朱颜！连峰去天不盈尺，枯松倒挂倚绝壁。飞湍瀑流争喧豗，砯崖转石万壑雷。其险也如此，嗟尔远道之人胡为乎来哉？

这一段就没有一韵到底，它中途换了几次韵。

【押邻韵】

说起“押邻韵”，大家可能会对这个“邻”字感到迷惑，怎么个“邻”法儿呢？

“邻韵”就是指韵音相近、在韵书里排列相邻的意思，邻是指韵音相近而为邻，而不是排列相邻而为邻。说直接一点儿，就是韵脚在韵书上挨得比较近。这个我们不必深研，因为我们也没什么机会写古体诗。

词曲

词曲押韵的规则更为复杂。因为词牌和曲牌不同，规则也会不同，所以我就粗略带过，因为我们现在能写词曲的机会不多。

近体诗

近体诗并不是指最近的诗，这个“近”是相对前人而言的近。

大概在唐代的时候大家都不写古体诗了，开始写格律和绝句。

这两样肯定要跟以前的古体诗区分开，所以他们把这个时期的诗，也就是格律和绝句统称为近体诗，把那些老前辈写的诗叫作古体诗。

当然，不管是古体诗、格律还是绝句，在如今的我们眼里，全是古诗。

我就提提律诗吧。

比如这首杜甫的《登高》：

风急天高猿啸哀，渚清沙白鸟飞回。

无边落木萧萧下，不尽长江滚滚来。

万里悲秋常作客，百年多病独登台。

艰难苦恨繁霜鬓，潦倒新停浊酒杯。

这样对仗整齐的诗就是律诗，把它和古体诗一对比，马上就能看到明显的差别了——它对字数和格式都有严格的要求。

粗略讲讲律诗的押韵规则。一般是2、4、6句押韵，总之就是首句（逗号前面的韵可押可不押，一般要求一韵到底，不可换韵）。

以上就是古代的文体需要掌握的押韵规则，我们俗称“江湖规矩”。除此之外，在古代所有文体的“押韵江湖”里，还有一些我们必须了解的用韵忌讳。

【用韵忌讳】

挤韵：诗文中出现了与韵脚同韵母的。这是什么意思呢？

比如王安石的《七绝·泊船瓜洲》里有这么一句“钟山只隔数重山”，这一句诗里有两个“山”，韵脚本来就是“山”了，前面还出现同样的字，这不就是挤韵了吗？当然，有人会说王安石可是大诗人啊，人家写的诗你怎么还说错了呢？我不是说了嘛，规矩是死的，人是活的。王安石的段位高，挤韵也驾驭得了。

连韵：相邻两个押韵句，用了同音字做韵脚。

凑韵：为了押韵，牵强地找一个押韵的字放在句子后面，不管文案意思合不合理。

倒韵：为了押韵，将正常的词顺序倒过来用，比如我们正常说“聪明”这个词，为了押韵用成“明聪”。

哑韵：押韵时尽量不要去押那些声调不响亮的字，比如“葩”“花”。

僻韵：尽量不要用生僻字押韵。

这些忌讳在所有古代文体的用韵体系里都是不可以犯的，但是在现代，我们就不用守那么多规矩了。让我们来看看现代的文体吧！

（3）现代押韵

现代诗歌有各种文案，文体种类也非常多。古代的文体里，每种文体有不同的规矩，我单独把它们分类列出来讲。那么，现代押韵是不是也应该把不同的文体提出来讲不同的规矩呢？

明确告诉你，不必如此麻烦。对现代文体押韵而言，所有的方法都一样。当你看完现代文案押韵的规则之后，一定会感叹，我们现代人押韵真是太省事儿了！

现代文体押韵，可以把我刚才讲的那些押韵的忌讳全部抛诸脑后，你只要记住，标点符号前的那个字（也就是韵脚）和上一个标点符号前的那个字，二者拼音里的韵母对应的是同一个韵部就行了。我给你简单列举一个例子：

歌词：古风歌曲《谈杯》

犀角杯中髓 冻藏关外(wài)
宜注入芳冽几十载(zǎi)
雪拥蓝关到轮台(tái)
夜光杯中血 涂歃唇腮(sāi)
若笑谈渴饮之敌忾(kài)
胭脂葡萄 万里蒸埋(mái)
清风能几筷(kuài)
流云下酒 当为我浮一大白(bái)
醉雨泼袍带 就此放浪形骸(hái)
何须借觥筹(chóu)
浇这江湖块垒 酩酊卧蓬莱(lái)
掬水而饮 捧掌作杯 岂不快哉(zāi)

你可以看到，这首古风歌的歌词押韵就押得非常好，结尾的韵脚全部押上了同一个韵部的同一个韵，即韵母“ai”。现代押韵只能这样押吗？这确实是最常见的押韵方法，并且相对而言已经很宽松了。其实我们现代的押韵规则可以更宽松。

歌词：流行歌曲《十年》

dǒu
如果那两个字没有颤抖
shòu
我不会发现我难受
kǒu
怎么说出口
shǒu
也不过是分手
qiú
如果对于明天没有要求
yóu
牵牵手就像旅游
kǒu
成千上万个门口
zǒu
总有一个人要先走
liú
怀抱既然不能逗留
hòu
何不在离开的时候
liú
一边享受，一边泪流
qián
十年之前
wǒ
我不认识你，你不属于我
yàng
我们还是一样
yòu
陪在一个陌生人左右
tóu
走过渐渐熟悉的街头

可以看出，这首歌的歌词，韵脚基本都是“ou”和“iu”这两个不同的韵母，你可能会说这样押韵不就押得不规范了吗？不是的，朋友，还记得我之前怎么说的吗？我们看押上韵没有，不是看所有的韵脚拼音是否为同一个韵母，而是看韵脚拼音对应的韵母是不是都属于同一个韵部。那“ou”和“iu”是不是同一个韵部？所以这首歌的歌词是押韵的，只是押的不同韵母同一韵部的韵。

另外，你可能也发现了，里面还有两句歌词：“十年之前(qián)，我不认识你，你不属于我(wǒ)。”这两句歌词没有押上整首歌的韵。那这首歌的歌词就不行了吗？并不是，我相信你一定听过这首歌，知道这两句歌词起的作用。它是这首歌的高潮，就像情绪分界线。作为分界线，不押韵也是可以的，因为我们就是要明确表示自己接下来要变化了，甚至从这句歌词开始，后面的歌词不再押“ou”和“iu”这两个韵，换另一个韵来押。

所以，你明白我们写现代文案想押韵有多简单了吧？

现在的你或许能写不错的诗、精彩的歌词、顺口的文案。

但也有极大的可能，你写的东西不会有多精彩。不要着急，慢慢来，接下来我继续跟你讲一些练习押韵的方法，用不了几天你就能运用自如了。

（4）如何练习押韵

起初，想写出好的押韵文案是很困难的，不是因为你不会押韵，而是你真正写的时候发现自己找不到合适的字去押。你一定会有这样的感觉。

我想表达的意思用文字表达出来就是不押韵怎么办？不如我选前半句话的最后那个字来押吧，只要找一个和前半句一样韵部的韵脚作为后半句最后一个字的韵脚就行了。

这个韵部的字有哪些来着？

按照以前的规矩，可能这时就需要翻韵书来找灵感了。但是，让我们感谢互联网吧，你可以上网查！

你可以去押韵网站，在搜索栏输入你上一句的韵脚，网站就会给你提供这个韵部所对应的汉字，此时你就可以尽情创作了。

你只需要盯着网站上跳出来的那些字，一个个地想。

要把这个字组成什么样的词语才能在不违背我想表达的文意的基础上押韵呢？或许你会在这个过程中卡壳半小时，但是莫慌！

这正是学习的过程，你经常写、经常练，以后就会越来越快，直到最后连押韵网站都不需要了，因为每个韵部对应的汉字你已经熟记于心，信手拈来。

好了，到这里，关于文案押韵的事，我已经完全讲清楚了。接下来，让我们继续聊聊文案的“律”。

2. 巧用文案的“律”

怎样才能让我们的文案“有旋律”呢？为什么要让文案“有旋律”呢？相信大家应该经常听歌，如果我让你去读那些歌词，你肯定会不知不觉读得特别有节奏，甚至直接唱出来。不要以为这是歌曲影响你的。

实际上，就算你没有听过这首歌，在读词的时候还是会不知不觉地形成一个旋律，那就是因为歌词本身就写得具备“旋律感”。

你会发现有些句子读起来就是朗朗上口，有些句子读起来却佶屈聱牙。有些句子排比起来气势磅礴，有些句子组合起来又显得悠然自得。

这就是“有旋律感”的文案和“没旋律感”的文案之间的区别，而孰好孰劣自然不用我多说。你写一篇节奏感强、旋律明显的文案会让人更愿意读下去。注意，是“读”下去。

不要以为你写的文案不需要人去朗读，你就可以不用顾及什么旋律节奏了。

你在看我这本书的时候，是不是感觉脑子里有一个声音在读我写的内容？

所以，并非要朗读出声才叫读。阅读，阅读，为什么叫阅读？因为真的会有一个声音在你脑袋里读，只不过没发出声音而已，而任何有声音的东西，只要加上旋律节奏，都能更容易进行下去。

（1）单句文案的律

话已至此，问题来了。

怎样才能让文案有“律”？在开始接下来的内容之前，我先告诉你我们要说的主题，犯不着故弄玄虚。

句子的旋律由平仄决定，整篇文案的节奏由句子的长短决定，二者合一，并称“文案的律”。

你应该猜到接下来的内容计划怎么讲了。我先讲句子的旋律，也就是平仄。

平仄

给大家简单介绍一下何为平仄。平仄是中国诗词中用字的声调，“平”指平直，“仄”指曲折。

这种古时的东西，解释再多大家也不好理解。简单总结一下：所谓平仄，本质上类似于我们现在拼拼音时用的声调，即 ā、á、ǎ、à 四个声调。但是很遗憾地告诉大家，它并不是我们现代的声调!

古代汉语的声调也分为平声、上声、去声、入声四个音调，平声就是平，上、去、入三声则是仄。

但这四声又和现代的四声不同。那么，两者到底有何不同呢?

古代的平声（平）演化成了现在的一声 ā（平）和二声 á（仄）。

古代的上声(仄)里的一部分演化成了现在的三声 ǎ(仄)，一部分演化成了四声 à（仄）。

古代的去声（仄）演化成了现在的四声 à（仄）。

古代的入声（仄），其演化则复杂和混乱了许多，变成一、二、三、四声的都有。

好了，现在我们知道了平声只有可能是一声（ā）和二声（á），而仄声则是一、二、三、四声都有，但大多是三、四声。

我们平时写文案，不用特意去把控音调，但可以特别注意平仄；至于你写文案用的字到底是平是仄，不用把每个字都抠得特别清楚，只有写诗词才会去抠字眼。

你只要弄懂什么是平仄，写作时留个心眼儿，特意写一些有规律的平仄变化，那么你的一句话就有了起伏，别人看你的句子也好，读你的句子也好，都会有抑扬顿挫的感觉。此刻哪怕是简单的一句话文案，也会变得更有动态，不至于让人感觉就是干巴巴的一段文字。

问题来了，我刚才虽然给你讲了什么是平仄，但有可能让你的脑袋更晕了，因为平仄不好区分啊！

没关系，我给你说一个很简单的区别方法。那些你读起来觉得有拖音，发音结束得很慢的，一般就是平声；那些你觉得结束得很仓促，读起来音调感觉还带拐弯儿的，一般就是仄声。

比如，我以 di 为例：低（dī），读起来就拖沓，发音也是缓慢结束的，它就是平声；帝（dì），读起来有一种仓促结束的感觉，它就是仄声。

所以，如果你只是写写普通的文案，不用非得搞清楚哪些字是平声字，哪些字是仄声字。因为普通文案没那么讲究，你就按我说的区分方法，特意编排一些有规律的平仄变化，把一个句子写得抑扬顿挫一点儿就行了。说得有意思一点儿，这个时候就考验你的编曲功底了，看你编出来的句子旋律好不好听，时间久了你写的句子就会不自觉地调整平仄之位，适配一个更好的旋律感，这就是大家常说的语感。

（2）文章的律

大家都去 KTV 唱过歌吧？还记得唱歌时有一个“挑战模式”吗？

它会让你照着音乐的节拍去唱，规则是你合上的节拍越多越准确，你的得分就越高。而那些节拍往往是长短不一的蓝白色线条对不对？

一整篇文章是由什么组成的？不就是句子吗？

那些句子往往也是长短不一的，对不对？

好，现在是不是找到它们之间的共通性了？

把文章里的那些句子理解成音乐节拍里长短不一的线，线的长短由句子的长短决定。

句子的不同长短组合就会让文章产生不同的“律”。

那些整齐划一的排比，句子长短一致，并排相接，营造出的效果就像军训时大家一起踢正步、一起鼓掌，自然就会显得更气势磅礴一些。

比如王勃的《滕王阁序》：

豫章故郡，洪都新府。星分翼轸，地接衡庐。襟三江而带五湖，控蛮荆而引瓯越。物华天宝，龙光射牛斗之墟；人杰地灵，徐孺下陈蕃之榻。雄州雾列，俊采星驰。

可以看出，这里的句子长短就很整齐，虽然只是描述滕王阁的地势，但你能从这段文字里理解滕王阁有俯瞰山河的壮丽宏大，还能感受到它大气磅礴的历史底蕴，以这样的“律”开场，就一个词——大气。

同样还是《滕王阁序》：

关山难越，谁悲失路之人；萍水相逢，尽是他乡之客。怀帝阍而不见，奉宣室以何年？

这段文字在句子编排上也很整齐，是个标准的排比句。

你可以很快发现这段文字里句子的长短规律。这有何作用呢？为何它的后半句会比前半句更长？

让我们先来想想王勃在写这段话时是怎样的情绪。

他激动，是因心怀天下而激动。

他慨叹，是慨叹自己时运不济、命运多舛。

最重要的是，他想表达自己请缨报国的情怀和勇往直前的决心。

现在是不是能理解王勃在写这个排比句的时候，为什么要保持前半句短、后半句长了吧？

把句子的长短编排得又长又整齐，会让文章的“律”显得大气、豪迈、壮丽，就像有男儿气。

如果又短又散呢？短而散的句子编排就像许多玻璃弹珠落到地上，会让文章显得或欢快活泼，或柔美雅致，总是极易充满女儿气。譬如简媜在《水问 · 夏之绝句》中写道：

夏乃声音的季节，有雨打，有雷响，蛙声、鸟鸣及蝉唱。蝉声足以代表夏，故夏天像一首绝句。而每年每年，蝉声依旧，依旧像一首绝句，平平仄仄平。

这一段给人的“律”感温和静美，即女儿气。

那么你想让自己的文章给人什么样的感觉呢？是男儿的大气多一些，还是女儿的静美多一些？你倒也不必这么着急考虑，因为我这样一说，你可能觉得文章的“律”就只有这两种调调了。其实不是的，所谓长而整齐的男儿气和短而散的女儿气，只是两种调制文律的材料而已。你的文章可以两种一起用，把它们杂糅在一起，不同比例、不同的调制方法，会出来不同的文律。

这就像我们炒菜一样。你炒一道菜会放肉，也会放蔬菜，两者放的比例和种类不同就炒出不同口味的菜。当然，你也可以炒一盘只有肉的菜，也可以炒一盘只有蔬菜的菜。这一切全凭你的爱好，而你调制的爱好，最终形成了大家所谓的“文风”。

那一般有哪些好的调制方式呢？炒菜还有好配方呢，文律有没有好的调制配方呢？

还真有，我总结了一些供你参考。

这个方法比排比用起来更有灵气，我将它称为“整散大杂烩”。

“大杂烩”好理解，就是把一些东西全部放在一起。那整、散是什么意思呢？

一个整句。

一堆散句。

整和散都是相对而言的，那何为整、何为散呢？不得不再举一个例子了。

【整句】

我喜欢吃土豆，我今天吃土豆，最好明天也吃土豆，每天都能吃土豆。

【散句】

今天吃的土豆，因为我喜欢吃土豆，我希望明天最好也有土豆吃，当然假如每天我都能吃一堆土豆，那就太好了。

现在发现整句和散句的区别了吗？整句的句式、字数长短往往是差不多的，看起来更整齐一点儿；散句的句式往往不一样，字数长短往往也不一样，看起来更凌乱一点儿。你看，我写的例句里，两句话的意思其实是一样的，看起来却风格迥异，这就是区别。

我再写一个文案例子：

青年人，迷茫当下不安于现状但却拥有最炙热的梦想，我以为，这可歌。

中年人，丧失了热血扎根现实但却承担最坚厚的责任，我以为，这可赞。

这两句话，你只看单句，它的句式不同，我们可以认为，它是个散句。但你把这两句组合起来看，你会发现它们整体的句式一模一样。所以，以再宏观一些的角度看这两个散句的组合，就是整句的句式。

这就是“整散大杂烩”。当然，你可能会说：“这不就是排比吗？”不是的，朋友，排比是单句的重复，一般要求重复3句以上才是排比。“整散大杂烩”不一样，你可以把任何句式散乱地组合在一起，又把它们汇总为一个属于你的句式，再把这个句式进行重复，让它化为整句，并且只要求重复两句及两句以上就可以了。

这样的组合比排比更灵活，却没有丢失排比的气势。所以，我以为这是一个非常好的文律调制配方。

现在，你可以自行发挥，“调制”属于你自己的文律。毕竟你已经完全了解什么为“文章的律”了，接下来就可以写你的文案了。

至此，“文案的韵律”这一章就结束了。你看明白了吗？看明白了就回答阿鱼几个问题，让我来检查检查。

- 怎么押韵？
- 韵是什么？
- 平仄有什么作用？
- 平仄是什么？
- 什么是“律”？

·文案的“律”由什么决定?

这几个问题你若能回答清楚，这章就算圆满了。

阿鱼送给你一句话：“加油呀，正在阅读、努力前进的普通人，最强大的智慧往往朴素，自认愚钝，从而踏实，最终胜利。”

第八章

二十一种金句创作技巧

一个强有力的金句扔出去，杀伤力堪比核弹，辐射速度和能力超出你的想象。

如何创作金句？说来也不算难，因为所有的金句无非由两样东西组成：一点儿智慧+一点儿套路。智慧这一块请恕我无能为力，但阿鱼有千层套路，可以帮你把你的智慧表达出来。

下面，我会给你讲我总结的金句创作套路，每种套路都会提供例句。如果你觉得我的例句不好，没关系，我相信你能用我总结的套路写出更好的金句，我很期待并乐意被“打脸”。

1. 双词打架

生活最佳状态是冷冷清清地风风火火。

——木心

这句话是木心说的，你读完之后是不是觉得还不错呢？但要把后半句去掉呢？是不是平平无奇了？这句话的亮点就在后半句——冷冷清清地风风火火。两个含义相反的词语用在一起，这种精妙的冲突一下子就构建出了一种通透的哲学意味。

世界上有很多事物我们没办法给它下定义，比如木心这句话里的“生活”。你能说清楚生活到底是什么吗？你我都不行，因为它没有明确的答案。但木心用两个互相矛盾的词去解释它，通透感一下子就出来了。没人敢说他说得不对，因为好坏都沾了，至于具体怎么理解，就让读者自行理解去吧。

我们怎么能创作出这样的句子呢？

【无法解释的复杂事物 + 描述词 + 含义相反的描述词】

备注：无法解释的复杂事物多半是指成长、生活、爱情、命运、孤独、生命、友谊、奋斗这类抽象事物。描述词包括但不仅限于形容词。

【阿鱼的例子】

（1）恋人之间的相处不就是小心翼翼地张牙舞爪吗？

（2）18岁以后的成长，就是昂首挺胸地不停给人下跪吧？

（3）有些人快乐到极致，总爱兴高采烈地在别人身上建立痛苦。

（4）创作的难度就在于，它总是要求人疯疯癫癫地规规矩矩。

（5）暗恋的味道很奇妙，生吃柠檬，猛灌蜜糖。

2. 小兵在前，大炮在后，营造跨越感

我吃得下一个超市，一群牲口，吃得下一群梦想和野心。

——《饥饿是很好的锻炼》

保持身体健康的唯一办法，就是吃点儿你不想吃的，喝点儿你不想喝的，以及做点儿你不愿做的事情。

——[美]马克·吐温

这种金句的点睛之笔仍然在后半句，请注意，我后面讲的金句创作套路中，也是把点睛之笔放在后半句。不是因为我的套路太过于固定，而是只有这样才能惊艳到读者，要先放砖瓦在前，才能衬托出后面的金玉。不信你去找，几乎你能找到所有金句的重点都在后半句。

第一个金句的重点在哪里？其实意思本来很简单——“我吃得下所有的梦想和野心”，可是你这样直白地说出来就普通了。你要在前面放两个小兵，把真正的意识大炮放在最后，把

读者炸个措手不及。所以它先说的是“我吃得下一个超市，一群牲口”，这两个现实意象的排列也是有顺序的，一个超市小于一群牲口，而最后的野心和梦想又绝对大于一群牲口，最后放出的意识大炮和前面列举的意象事物之间存在巨大差距，先形成惯性，再来一个大跨越，把句子拉到完全不同的另一个高度。如此，这个句子就会有奇妙的阶层跨越感了。怎么把这些完全不同的事物组合起来呢？需要用一个适合用在你列举的所有事物身上的动词连接，比如这句话里用的动词就是“吃”。

【动词 + 低阶事物 1+ 更大的低阶事物 2+ 高阶意识】

备注：动词务必是适用于你列举的所有事物的动词，不能随便用。

【阿鱼的例子】

(1) 我发现现在的教育总是热衷于教我们写汉字、英文、数字，却很少教我们如何写出一个大写的“人”。

(2) 多年来，母亲的这张嘴，咽下了解渴的白水，滋补的汤水，自然也咽下了生活灌下的苦水。

(3) 8 岁时我追过车，18 岁时我追过人，而我现在 28 岁了，我想追追梦。

(4) 既然我们会花时间整理书桌、整理房间，那为什么不能花点时间来整理心情呢?

3. 大炮在前，小兵在后，营造落差感

有谁来自山川湖海，却囿于昼夜，厨房与爱。

——《揪心的玩笑与漫长的白日梦》

很明显，这个创作方法正好跟上一个相反。如果说上一个创作方法是小兵在前，大炮在后，一下子把句子的意境拉高，形成巧妙的跨越感，这个就是大炮在前，小兵在后，一下就让句子的意境降低到你意想不到的地步，从而形成落差感。这种强烈的落差感会让人有一种做梦掉下悬崖，一下子惊醒的感觉。这种突然清醒会让读者不自觉地思考，当读者开始思考时，会无形中拔高你的句子在他们心目中的地位。我们在用这个方法的时候也没有上一个方法的限制了。动词，你随便用，合适就行。

【大格局的意象 + 小格局的意象】

备注："大格局"和"小格局"取决于意象含义，比如"山川湖海"在含义上来说，其格局就比"昼夜、厨房与爱"要大

得多。

【阿鱼的例子】

（1）小孩子眼里的光总是很亮，因为他们想的是长大后要成为什么样的人。成年人眼里的光就弱了，因为他们想的是明天要怎么生活。

（2）我还以为获得快乐需要得到成功和金钱，再不济也要有一张赏心悦目的脸蛋儿，结果只需要夏天的一个冰镇西瓜就好了。

（3）经过努力，我熬过了16年的寒窗苦读，挺过了昼夜颠倒的工作加班，修炼到了上能到讲台高谈阔论，下能在饭桌觥筹交错的地步，最后终于成为一个既不健康又不优秀的普通人。

（4）你总说你追求的是诗和远方，可你连阳台上的一盆草都养不活。

（5）我本来可以肯定地告诉你，我的目标是30岁前环游世界。不过刚才再看了一遍银行卡余额，现在我的目标是中午吃完饭还能加个热狗。

4. 拟人：以喜衬丧

星星应该哈哈大笑，反正宇宙是个偏僻的好地方。

——[苏联]帕斯捷尔纳克

这是一种拟人的用法，这再明显不过了。重点在于它把本应不带感情的事物赋予了极强的情绪，这种情绪一定是快乐的。比如，这句话里作者用到的词就是“大笑”，似乎是很极致的快乐，对吧？但后半句马上给了一个反转，从另一个角度去解释这个事物为什么可以有这么强烈而快乐的情绪——反正宇宙是个偏僻的好地方。

就像你跟着所有人一起哈哈大笑，笑得合不拢嘴，突然有人从头顶给你泼了一盆冷水，你瞬间清醒过来，再也笑不出来，但周围的人还是疯狂地笑着。那一刻，你极度清醒又极度孤独。

这样的句子，要义就在这里，就是要给读者泼上这么一盆冷水。

这是不好受的情绪，但许多人都爱这种自虐的感觉，所以他们爱这样的句子。

【事物＋用拟人营造出极其快乐的情绪＋回到现实的极其丧气的另类角度诠释】

备注：难点不在于我们找到的事物是什么，也不在于我们到底想营造什么样的情绪，而在于我们如何找到那个能给读者泼下冷水的另类角度。

【阿鱼的例子】

（1）狗尾巴草跟风行侠仗义很多年了，潇洒到你想象不到，当然不是你想不到，是你不会去想。

（2）这罐可乐的气泡很兴奋，都在讨论要先炸掉我的哪个味蕾。我听见了，静置，气泡死光了，我的味蕾安全了，快乐，却死了。

（3）月亮爱跳华尔兹，独舞。

（4）知道泪水为什么是咸的吗？那是因为我们每个人的脑袋里都装了个可爱、粗心的厨娘，她喜欢炖汤，每次泪水溢出来的时候，其实都是她太贪心把汤炖太满了。不过今天她的汤应该不好喝，把一整锅全倒了……

5. 拟人：喜不挽悲

与岁月对望，所有人都老了，再没人死于心碎。

——高晓松

没错，又是拟人，不过希望你这次把它牢记在心，因为这种方法会经常用到。前面的方法是以喜衬丧，在人笑的时候给人泼冷水，这个方法就有几分作对的意思了。比如，你本来很悲伤，我让你试着挽救一下，可最终还是挽救不回来。就像电视剧里，你的爱人掉下了悬崖，你抓住了她的手，可还是没能把她救起来。你难受不？难受就对了，我就是奔着让你难受去的，不让你难受你怎么记得住我呢？

【事物＋拟人化之后产生一个强烈悲伤的现象＋另一个角度的轻度快乐现象】

备注：难点是你要找到另一个角度。还有一个重点，快乐的现象所带来的情绪强度要小于悲伤现象所带来的情绪强度。

【阿鱼的例子】

（1）我的理想死了，我安全地活着。

（2）青春期的心事湮灭了，青春痘还没走。

（3）连手机都跟我作对，删掉的照片居然自作主张地给我云备份了！但……我确实在删完你的照片的那一刻就后悔了……

6．“最”的答案

其实，这世界上最催泪的情书，是聊天记录。

——网易云音乐《解脱》的热评

这个创作方式其实不怎么需要技巧，需要的是创作者的智慧。在句子最前面先写下一个最 xxx 的事物，后半句给出一个跟上半句所提到的事物完全属于不同类别的事物作为答案，这样就会给人一种出其不意又很奇妙的感觉。这个答案并不是那么好找，要与上半句里所提到的事物存在某种关联性，而这种关联性又是普通人在日常生活中没有注意到的。比如，这句话里的情书和聊天记录，它们的关联性就在于，都是情侣交流的工具。

【最 xx 的事物 A+ 答案（与 A 属于不同类别的事物 B）】

备注：事物 A 和事物 B 虽然属于完全不同的领域，但一定要具备某种一般人难以察觉的关联性。

【阿鱼的例子】

（1）最难跨越的山，是成见。

（2）有时候，最高的蔑视，唯有沉默。

（3）进入职场后才知道，最让人委屈的话不是诬陷，是“都不容易，忍一忍就过去了……”

7．玩字

孤独这两个字拆开来看，有孩童，有瓜果，有小犬，有蚊蝇，足以撑起一个盛夏傍晚间的巷子口，人情味十足。稚儿擎瓜柳棚下，细犬逐蝶窄巷中，人间繁华多笑语，惟我空余两鬓风。孩童水果猫狗飞蝇当然热闹，可都和你无关，这就叫孤独。

——林语堂

汉字中有很多象形字，就是这个字长得就很像其含义之下所代表的事物。而我们的文学创作就是借“字”发挥。你看，例句中，林语堂把“孤独”两个字拆开来看，加上了自己的解读，他的解读就属于象形的意向。

在玩字这一块，我们有很多种玩法。你可以拆开看，也可以找一个角度看整体，给它一个全新的诠释。比如，你看“成长”这两个字都没有偏旁。我们可以把这两个字说成：“成长本就无依无靠，不然你看，‘成长’这两个字连个偏旁都没有。”再说拆开看，林语堂是把字拆开后描述一种意向，我们也可以。比如“蠢”字，可以说：“爱情这个东西一个字就可以概括了，两只虫子在春天蠢蠢欲动。”

【选定一个或一个以上的字 + 把字拆成多个部分（成为多个字）+ 将拆完的字组合成意象】

备注：重点在于你最后描述出来的意象够不够好。玩字其实很考验文学功底，一般人玩不来。如果想精进这方面的能力，建议平时多看看《咬文嚼字》《文心》。

【阿鱼的例子】

（1）“老”字下面是刀，“孝”字下面是子，合称，老来送孝，必送刀子。

（2）终于明白长大是什么了。“人”头上有了刺，就“大”了。

（3）你看“自由”这两个字，就算被条条框框压得那么严实，还是想着冲出去。

（4）“观”是一个浪漫的字，因为它写着“又见”。

8. 放洋屁

为什么 work 永远做不完？因为它是个不可数名词。

——来源不详

我们可以从一个新的角度诠释英文单词，说白了就是用英文抖机灵。这个方法很好用，不过需要你对这门语言十分熟悉。每次我说这样的句子时，我姐姐总说我在“放洋屁”，所以我就把这种技巧的名字取名为“放洋屁”。具体应该怎么操作呢？一般会有 3 种方法：

（1）从单词属性等方面来说，比如，可数名词、不可数名词、动词、形容词。

（2）把单词拆开，就像拆中文一样。

（3）可以玩单词的谐音梗。

【选定一个英文单词 + 从新的角度抖机灵】

备注：每次都说要从新的角度，但正是这个新的角度比较难想。这实在是没有办法，我们只能多搜集多看，这样以后就有思路了。

【阿鱼的例子】

(1) 男人总是刚开始你叫你honey，最后推托你hurry。

(2) 终于知道family为什么是family了，因为father and mother I love you。

9. 同一动词，相反用法

这一生，总有一个人，老是跟你过不去，你却很想跟他过下去。

——张小娴

我们用同一个词组合成两个意思完全相反的词组，再把这两个词组放在同一个句子里关联起来，这是一种非常有意思的创作方法，本身就充满了矛盾。所以，用这种方法创作出来的句子，总会给人一种高深莫测的感觉。不过想让两个性格相反的人在一起，也需要我们去创造能够让他们相处的环境。用这个方法创作句子也是同样的道理，想让一组矛盾的词在一句话里融洽相处，我们要先创造一个合适的语境才行，这个语境往往是能够让两者在一定程度上关联起来的，至少逻辑上是不违和的。

【选定动词 + 创作一组矛盾词 + 创作能让一组矛盾词兼容的语境】

备注：创作出的语境一般放在句子的最前面比较好，不过有些时候，整个语境是融入句子的，就没有必要单独把语境放在前面了。

【阿鱼的例子】

（1）那个总让你分心的人，就是你在未来不想分开的那个人。

（2）最舒适的友情，就是你不说话，我也不必没话找话，永远不会尴尬。

10. 同尾词

人生没有如果，只有后果和结果。

——马银文

几个在含义上毫无关联的词语，它们共同之处在于最后一个字总是一样的。这个时候只要创造合适的语境，把这几个看似毫无关联的词关联起来，一个充满哲学意味的句子就出来了。这个方法很简单，建议你马上试试。

【两个或两个以上的同尾词＋能关联所有词的语境】

备注：你可能觉得找到能够关联同尾词的语境很难，其实很简单，一般就是找人生、爱情、友情、成长之类的词套用就可以了。稍微难一点儿的地方在于找到几组不错的同尾词，这跟我所讲的其他方法相比，算是简单的了。另外，告诉你一个很好的办法，你可以去网上直接搜“以xx结尾的词”，有一个叫“在线汉语词典”的网站，非常好用。

【阿鱼的例子】

（1）爱情允许小脾气，但不允许怨气和意气，更不能有阴阳怪气。

（2）有那么些人，为了名声，忽视民声；听见风声，异口同声；最终，陷入骂声。

（3）别相信任何誓言，刚开始都是掷地有声，结尾多是寂然无声。

（4）想许个心愿，祝愿我的一厢情愿，最终得偿所愿。

（5）不管你有什么优势，把握不住时势，那就别想干过趋势。

（6）讨论增长能力，争论折损智力。

11．同首词

人生有三大美食：美人、美酒、美钞，不过它们目前只存在于我的美梦中。

——阿鱼

和上一个方法差不多，差别就在于刚才的方法用的是尾部一样的词，这次用的是首部一样的词。难度同样在找词里，即使你的文学修养再高，真到用的时候还是会脑袋空空，想半天也想不到几个合适的词语。你同样可以去网上查“以 x 字开头的词”，在查到的词中挑几个用就好了。

【两个或两个以上的同首词 + 能关联所有词的语境】

备注：其实用同首词比用同尾词更简单一点儿，但用的时候，我还是建议至少用 3 个以上。

【阿鱼的例子】

（1）别问美人从何而来，懂点儿美学，拥有美貌，有双美手，擅长美颜。

（2）其实修炼气质也不难，一分气节，二分气度，三分气魄，足矣。

12．无法具体表达的情感就列举小事

当我拥有你，无论是在百货公司买领带，还是在厨房收拾一尾鱼，我都觉得幸福。

——[日]川端康成

很多感情是无法准确表达的，但我们可以通过小事传递。为什么一定要选择那些稀松平常的小事呢？正是因为那些小事太普通了，普通到每个人都做过，所以别人才能感受到你的感受。所谓的感同身受，不就是这么一回事吗？这件事你经历过，我也经历过，所以你跟我说起来，我才会理解你。用普通的小事解释独特的大事所带来的情感，这是一种技巧。

【无法描述感情的大事 +1 件以上的日常小事 + 简短的情感描述】

备注：列举的小事一定是那种几乎人人都有过的经历，不然就很难让别人感受到你想传递的东西，尤其要记住，最后的情感描述一定要简短一点儿，形容词不能太多，因为冗余感会

打破句子本身的美感。

【阿鱼的例子】

（1）一瞬间长大是什么体验？一个人在暴雨中撑伞前行，风却直接把伞从手里吹走了，落到地上恰好被人踩坏了，于是你把步子放缓，淋雨前行，那一瞬间不得不继续前行的释然无助，就是长大。

（2）在商场选笔的时候总是会仔细评估款式、颜色和价格，真正要用的时候，其实只要能出墨就可以了，这就是我们在真实生活中对梦想的态度。

13．拟人：让宏大的事物做一件小事

今天早晨，我坐在窗口，世界像一个过客，在窗口暂停片刻，朝我点点头就走了。

——[印度] 泰戈尔

有些心情我们自己也说不清，也不知道它具体是什么样的情绪，甚至不知道它属于悲伤的还是快乐的。如果你有这样的时刻，就可以用这样的创作方式。泰戈尔的这句话就是一种很典型的、反客为主的表达，他说世界像一个过客，朝他点了点头就走了。他表达的真实含义是，每个人都是世界的过客。但如果直接这样说是不是感觉意境一下就没了？所以说，创作金句，智慧和技巧缺一不可，你可以用“每个人都是世界的过客”这样一种顿悟的智慧，但把它表达得很普通，岂不是太可惜了？

【想好你要传递的智慧 + 选取一个宏大的事物把它作为拟人体 + 安排它做一件普通的人会做的事】

备注：宏大的事物一般指生活、爱情、幸福、世界、命运、夕阳等。

【阿鱼的例子】

（1）云朵偷喝了我屋顶的酒，今早起来天空一片绯红。

（2）昨日我跟落日告白了，结果他今早没出来，应该是怕热到我吧，真疼人。

（3）本来我是在好好生活、好好工作的，生活突然找我拼命，我挨了一记重拳，现在躺在床上。

（4）青春挺过分的，联合自卑和敏感一起欺负我，幸好我赢了，不过留个疤，时不时痒痒的。

（5）今天下午，我在海边的一个露天咖啡厅点了一杯澳洲奶白，我看见我的梦想落魄成了乞儿，他在每个人面前都停留了，除了我。

（6）刚才我在一个招聘市场看到有人在招聘人类生活规划官，排队的人都是劈柴、喂马的莽夫，唯独一个文质彬彬的绅士，面试官却判他不合格。

14. 形容词：把心扒给你看

明确的爱，直接的厌恶，真诚的喜欢。站在太阳下的坦荡，大声无愧地称赞自己。

——黄永玉

之前我们讲的方法都太委婉了，总是拐弯抹角地说话。然而总是这样，也会腻的，所以这时候，如果你赤裸裸、张扬地直接表达你内心的感受，反而会让读者感到心动。所以现在，忘掉我之前告诉你的那些技巧吧，用最粗犷、直接的形容词，形容你的感受。不过，需要注意的是，要直接的时候就应该特别直接，所以在语气方面也应该是特别直接的表达。一般来说，要使用类似于祈使、命令、肯定的语气，并使用绝对化的词语，比如绝对、任何、只有……

【3或3个以上的形容词组＋肯定语气＋事物】

备注：这样的句子，一般积极向上的比较好。

【阿鱼的例子】

（1）请成为永远不羁、永远张狂的火焰。

（2）不要浪费你的任何精力，明确表达你的好恶和喜欢，不用顾忌任何人的心情，我们的承诺有限，精力有限，明确拒绝讨厌鬼，认真答应心上人。

（3）我要的是棋逢对手的爱情和绝对忠诚的真心。

（4）我要所有眼神为我发光，所有掌声为我而响，全世界的鲜花为我绽放。

（5）用绝对性的努力和压倒性的胜利去换取肆无忌惮的快乐和不可抑制的满足。

15．难度极高：人生总结

所有的大人都曾是小孩，虽然，只有少数人记得。

——《小王子》

只有两种人最具有吸引力，一种是无所不知的人，一种是一无所知的人。

——《道林·格雷的画像》

老年人相信一切，中年人怀疑一切，青年人什么都懂。

——《道林·格雷的画像》

每个人生来都是君王，但大多数在流亡中死去。

——［英］王尔德

可以看到，这个创作方式没有固定的章法，如果非要找到它们的共通之处，就是它们都用上帝式的真理语气表达。这种语气很好把控，难把控的是我们找不到真理来说。所以在这里，我想跟你分享如何找到那些真理的方法。

①选定一件事，看看不同类别的人做这件事有什么差别，然后根据这种差别总结出规律。

②选定一类人，看看这类人在不同时期分别喜欢干什么事，然后总结规律。

③选定一类人，看看这类人在干不同但相似的事情时有什么区别，然后总结规律。

④选定一类人，看看这类人在不同时刻做同一件事时有什么区别，然后总结规律。

【上帝式的真理语气 + 你发现的规律】

备注：动笔之前先想想你找到的规律是不是具有普遍性。

【阿鱼的例子】

（1）奇怪，衣架总是在晾衣服的时候才觉得少。

（2）皮肤的变化已经概括了人的一生：刚出生时，皱巴巴；将入土时，皱巴巴。无限循环、周而复始。

（3）能难倒所有聪明人的题，往往出自笨蛋。

（4）朋友中的恋爱专家往往没谈过恋爱。

16．经典名句：质疑

我命由我不由天。

——《悟真·绝句六十四首》

例句里面质疑的就是冯梦龙在《警世通言》里写的：“万般皆是命，半点不由人。”以前不知道听谁说过这么一句，“文学就是质疑一切”，我认为正是如此。这样的创作方式很容易让你觉得自己有文化，因为它是一种变相的引经据典，而且你还不会质疑它，没达到一定高度怎么能质疑经典语录呢？

写这种句子的前提是，我们要先找到一个质疑的主体，例句里面的主体就是“我”，并要找到一个角度去跟原话争。你不用管到底是谁更有道理，只要让自己看起来有道理就行，让自己这句话站得住脚。因为我们的目的不是真的跟原句作者辩论，争一个输赢，我们只是要有一句发言让别人注意到我们的独特。这种句子就是让读者觉得你这个作者不一样。所以写这种句子，在语气的把控上一定要极端一点儿，要狂就狂到底，要自信就自信到头，要丧就丧到极致。

【选定名句 + 确定质疑主题 + 找到辩论点 + 极端情绪化的语气】

备注：你选定的名句最好是耳熟能详，很多人都知道的句子。否则，太小众了，就不能显得你肚子里有货了。

【阿鱼的例子】

（1）人生有常，悲欢离合，生老病死，常常一个不少。

（2）爱情才不伟大，爱情极其自私。

（3）别人以痛吻我，我凭什么报之以歌？以德报怨，何以报德？

（4）少年是最识愁滋味的，也最是温柔的，一草一木的疼痛都至关重要。反倒是人大了，却麻木了。

（5）习惯不能被改变，只能被替代。

（6）其实书里没有颜如玉，也没有黄金屋，但我们仍然读书。不是为了头戴金冠，身着锦袍，而是为了胸中有锦绣，腹内有乾坤，天下之事，尽在掌握，命里之事，信手拈来，我们读书的意义，从来不止于此。

17．暗黑童话：质疑

丑小鸭之所以能变成白天鹅，是因为人家本来就是天鹅。

——网络

童话大多是有漏洞的，为了给孩子造梦，忽略了很多逻辑上的问题。当然，孩子也发现不了。这时，我们就可以当一个残忍的“刽子手”，斩断孩子们的那些美梦，让他们清醒。美梦破碎对作者来说其实是一件非常爽的事情。事实上，很多文学创作者都很擅长当“坏人”。当大家的童话梦被打碎后，在那一瞬间他们也是又痛又爽。当然，痛还是比较多。但是他们也会有一种“变态”心理，就是要痛大家一起痛，所以他们会不遗余力地分享给其他人。那么，你写的这句话击碎了别人的美梦，就很容易火了。

【选定一个耳熟能详的童话＋找到它的逻辑漏洞，用现实击碎它】

备注：这个时候就不要去找那种别人看都没看过的小众童

话了。你也可能说，经典童话就那么几个，别人都说完了，我还能说什么？朋友，你看看我给你列的公式，你还可以找其他逻辑漏洞啊！一个童话往往有很多漏洞，你还可以用不同的现实去击碎它，这样不就有很大的发挥空间了吗？

【阿鱼的例子】

（1）王子都见过灰姑娘了，却还只凭着水晶鞋找她，因为他喜欢的从来不是平凡的灰姑娘，而是配得上高贵水晶鞋的任何人。

（2）童话里总说巫婆是坏人，可她下的每个诅咒都在帮王子和公主找到真爱啊。

（3）真正的公主从来不需要王子的拯救。

（4）豌豆公主是不是贵族写给民众的故事？记住自己的身份，你努力也没有用，出身是注定的。

（5）童话里没能拯救公主的王子是不是都成了恶龙？

（6）小矮人对公主再好也抵不过王子的一个吻。

18. 数字：真诚温柔的调料

如果你说你在下午 4 点来，从 3 点钟开始，我就开始感觉很快乐，时间越临近，我就越来越感到快乐。到了 4 点钟的时候，我就会坐立不安，我发现了幸福的价值，但是如果你随便什么时候来，我就不知道在什么时候准备好迎接你的心情了。

——《小王子》

也许世界上也有 5000 朵和你一模一样的花，但只有你是我独一无二的玫瑰。

——《小王子》

想把句子写得温柔的人一定要看看《小王子》。我这个人外壳挺硬的，但所幸《小王子》让我柔软了些。如果你看了《小王子》，就一定会发现，这本书里用了许多数字，没有特意用，却在每个能用的地方都用了。我也是在这本书里发现数字到底有多温柔，任何话好像给它加一个数字，如时间、期限、次数，瞬间就显得温柔、真诚了许多。

不信的话，我们来试一试，“我想和你吃早饭”和“我想和你吃接下来的 10902 顿早饭”相比，是不是有了数字就显得温柔、真诚了？

【选一件事 + 一个数字】

备注：不要强行加数字，不然太生硬了。要加在那些本来就可以用数字概括的事情上面。

【阿鱼的例子】

（1）以后不要逃避问题了，逃避会面临几百个日夜的痛苦，但解决它或许只需要 3 天。

（2）我只看了你一秒，从此心脏每天为你跳动 86000 次。

19. 文学蒙太奇：意象组合

风筝在阴天搁浅，想念还在等待救援，我拉着线复习你给的温柔。

——《搁浅》

意象组合是一种相当高级的创作手法，当然，有时候高级也代表着难以理解。例句是周杰伦歌里的歌词。我来说说为什么要把这个方法称为文学蒙太奇。

有些人可能听过，蒙太奇是一种剪辑理论，认为电影是镜头与镜头构筑并列的艺术。用远景、大量特写等镜头的连接造成心理、情绪与抽象意念的结果。另外，还有一个叫爱森斯坦的人，他受俄国辩证性哲学思维的影响，认为不同镜头间的并列引起的冲突能造成第三种新的意义。所以，当我们在描述一个主题时，可以将一连串相关或不相关的镜头放在一起，以产生暗喻的作用，这就是蒙太奇。

文学蒙太奇的道理和这个解释类似。我们可以将一连串相关的事物连接在一起放在同一个句子里，不用考虑事物与事物之间的合理性和逻辑框架，不用讲究正常的叙事方式。完全摆脱时间、空间、事物正常发展的逻辑进行创作，只需要把所有你觉得能够传递你当下情绪的事物放在一起就行了。你的目的只有一个，传递情绪。为了传递这种情绪，你可以不讲任何规矩。这个方法我不会放公式之类的东西，因为它也没有固定公式，我只想告诉你，的确存在这么一种方法，至于你怎么用、何时用，完全取决于你的心情。

【阿鱼的例子】

北方的冷风吹散了南方的炊烟，临街的小孩拖走了遥远的笑脸，破旧的单车带走了最新的低喃，我坐在有海风的咖啡店，搅拌我们不懂珍惜的昨天。

20．绝妙的比喻：虚比虚

记忆是相聚的一种形式，遗忘是自由的一种方式。

——［美］纪伯伦

这是我能想到的比喻效果最佳的句子了。以前我总觉得，比喻就是将抽象的事物具象化，其实这个想法狭隘了。大脑是一个特别奇妙的器官，有时候我们需要用更具象的比喻来理解抽象的事物，但有时候，大脑其实是可以做到用一种抽象事物去理解另一种抽象事物的。因为抽象事物本身有一个理解梯度，有些事物虽然是抽象的，但它并没抽象到我们难以理解的程度；有些事物又确实太抽象了，因为离我们太远了。所以这时，我们可以用高梯度抽象事物去比喻低梯度抽象事物，从而方便我们理解。

比如，例句里纪伯伦的那一句，“记忆”就是一个比相聚更难理解的概念。说起“记忆”，你一般想不到一个具体的画面，但说起“相聚”，你的脑海里可能会出现同学聚会的场面、杯子碰在一起的时刻等非常多的画面，这就是你对记忆的一次回溯。你会觉得，哇，这句话怎么这么妙啊，太有道理了！这份理解经过了你的大脑，理解途径会更长，所以也更能深入人心。

这就是绝妙的比喻，把一个超抽象的概念比喻成一个能让你想起一些画面和片段的较抽象的概念。虽然这样比喻是从概念到概念，从虚到虚，但它带来的冲击力是其他任何比喻方法都无法匹敌的。

【一个超抽象的概念 + 一个能产出画面的抽象概念】

备注：重点是提起低梯度的抽象概念时会在我们的脑海中呈现画面。

【阿鱼的例子】

（1）死亡是人一生中最后一次分离。

（2）每次分离都是一次轻度死亡。

（3）一个人说“我忘了”，就是在说“风被风吹走了”。

21. 世界对你温柔溺爱

你看见了，这个方法的名字是最文艺的一个。原因无他，因为这个方法就是用来写文艺范儿的金句。用起来并不复杂，简单来说，就是你把代表世界的所有事物，例如风、花、雪、月、朝阳、日落、晚风、星辰、尘埃等都想象成两种会温柔地爱着你的人。之所以说是两种人，因为会这样温柔地爱着你的人一般是女人，她们分别是你的母亲和你的爱人。

简单地举一个例子，在所有代表世界的事物里，我最喜欢风。我唯一能想到会温柔地爱我的人只有我母亲。那么我喜欢母亲对我做什么事呢？

【代表世界的事物＋对你最温柔的人所能做的一切爱你的事】

暂无备注。

【阿鱼的例子】

（1）晚风小心翼翼地擦干我的泪，叮嘱我不要怕，好的坏的都会过去的。（想的是母亲在我受委屈时给我擦眼泪）

（2）无论来自哪个角落的风，都无法停止叮咛。（想的是不论什么样的母亲，总是喜欢在孩子耳边碎碎念）

（3）再喜欢风的人，也无法在骑自行车时对逆风微笑，但风不一样，总想把人揽入怀中，不论你持何种态度。（想起母亲总是会在我“长大了翅膀硬了”的时候跟我唱反调，但最终总是无果，最终总是母亲先低头）

好了，这一章就到此为止吧。还是要为你送上一句话：“推开暗壁，对面总有蓝天。”

第九章
快速提高文案水平的练习方法

这一章的标题取得很冒进，因为我在前面加了“快速”二字。实际在写文案这件事上，不存在所谓的快速，但从某一方面来说，“快速”两个字用得也不算不妥。因为相比一般的学习、练习文案的方法，我接下来要讲的方法，绝对可以称得上“快速”了。按照我的方法，可以让你在三四个月内从零基础水平至少达到及格线水平。

在本章，就让我们好好把这些方法论用起来吧。写文案可不是一蹴而就的事，要把急功近利的心思先收一收。像我这类教写文案的书，光看是没用的，你得按照作者提供给你的方法去做才行。

安德斯·艾利克森有一本书叫《刻意练习》，这本书详细讲述了如果你想成为某一领域的“天才”“行业专家”，应该如何去学习，具体的步骤是什么，为什么要这样学而不是那样学。许多“大神”都讲过这本书，而我本人更是因为这本书受益匪浅。可以说，我的文案水平能够进步飞快，就是用了这本书里教授的方法。

然而正是这么一本好书，还是会有一部分人说这本书很空泛，就是本励志鸡汤书，什么用也没有，都觉得要成为天才就要付出努力。可是这个道理谁不知道啊？我希望你能够保持自我和三观的绝对清醒，不要人云亦云。

阿鱼除了是一个文案创作者，还是一个自媒体博主，做博主这两年，我看到太多人在网上显示自己的“清醒”，觉得这是毒鸡汤，那也是毒鸡汤，一眼就看穿了，所以提前杜绝接受这些观点。

我可以明确地告诉你，鸡汤也是有用的，得看喝的人是谁。对有能力把鸡汤里的能量转化为动力的人，鸡汤就是好东西。你也可以把我这段话当作没用的鸡汤，但我希望有一部分人可以获得动力。

1. 富兰克林写作法：适合零基础学文案的方法

这个方法是用人名命名的，很明显，这个人一定不简单。

富兰克林是一个有资格把头像印到美钞上的人，他参与了《独立宣言》的起草，是美国的开国元勋之一，同时他还有一个身份，就是文学家。

富兰克林小时候在印刷厂当学徒工，每次看到报纸印刷出来时，他就会想："什么时候这些机器会印出我写的字？"是不是觉得典型的励志人物传奇开始了？是的，他成功了。但我不希望你想得那么简单，你已经看过太多这样的故事，所以我现在讲的不是富兰克林的故事，而是你未来的故事。

你和富兰克林没什么差别，你的条件甚至比他还要优越。因为你小时候可以在家安安心心地读书，他却要在外辛辛苦苦地打工。为什么你成不了像他那样的人物？因为富兰克林当时那样想了，马上也去做了。没钱报辅导班，他就自学，他仔细研读报纸杂志上的好文章，再把觉得写得特别好的话抄在小纸片上，每张小纸片写一段话，往往能从一篇文章中抄下好多个句子，然后他把这些小纸片全部打散。几天之后，他再给这些小纸片排序，这样他就可以完全厘清文章的结构了。做完这些事之后，他就自己把文章重写一遍。不过，在做这一步的时候，富兰克林发现了一个问题，那就是自己重写的文章总是比原文章少很多，原文可能有 3000 字，他写出来就变成 1000 字了，写出来的东西也不尽如人意。于是他又重读原文，再重写，最后直接把自己的文章拿出来和原文对比，看看自己到底差在哪里。在这个过程中，富兰克林发现，他以为自己读懂了文章，其实只是自己以为而已，原文还有很多精彩的地方都被他忽略了。总之，经过多次的对比、重写之后，富兰克林终于让自己重写文章的水平接近原文了。

正是运用这样的方法，富兰克林实现了自己的心愿，成为著名的专栏作家。

你是不是觉得这个办法也不过如此？太笨拙了。我刚开始也这么觉得，认为自己没必要这样做，应该还有更好的学习方法。但我终于肯承认在写文案方面，我就是个笨蛋，毫无天赋可言。既然如此，笨蛋就用笨方法吧。结果，当我踏踏实实地按照这个方法去做，大概重写了 50 篇文章后，我感到自己有了明显的进步。

当然，有一些工具可以让我们的学习过程不那么费劲。我对富兰克林讲述的文案练习法进行了改进，你可以按照下面的步骤进行练习。

【准备材料】

一篇好文章（你想模仿的）；

电脑或手机；

Excel 或手机备忘录。

【执行步骤】

第一步：读文章 + 划分结构

先把全文读一遍，然后划分文章的结构。比如，第 1~3 段属于开头引入，第 4 段属于承上启下，第 5~7 段属于中间部分，详细说明文章的核心，第 5 段是观点，第 6 段是案例，第 7 段也是案例，第 8 段是总结。

第二步：读文章 + 划分段落结构

一段话往往由好几句话构成。我们要搞清楚每句话在这段话里起到的作用是什么。比如，第一句话是引入，第二、三句话给出例子，最后一句话则抛出观点。

第三步：读文章 + 挑出每段话的核心观点句

每段话肯定都有它想表达的重点。我们在这一步要做的就是把每段话的核心观点句选出来，然后抄到 Excel 或手机备忘录里。需要注意的是，在这一步要特意不按顺序写核心观点句，把它们打乱。

第四步：挑出全文金句

一篇好文章往往都有金句，一般是一句以上。把金句摘出来，专门拿一个本子或者建一个文档记录这些金句，最后就能变成你的金句素材库了。

第五步：排序

把你之前摘抄并打乱了的每段的核心观点句拿出来，重新进行排序，并排列得和原文思路一样就可以了。

第六步：复述

建立一个空白文档，用自己的话把原文的内容重新写出来，跟原文表达的意思一样就可以了。重点是，模仿时要注意结构、风格、文体一致。也就是说，原作者写的是散文，你也得写散文，不能任性地去写诗歌；原作者的结构是总—分—总，你的结构也要是总—分—总；原作者的文风是忧郁的，你就不要写成欢快的。

第七步：对比

你重写出来的文章肯定会跟原文有差距，所以写完之后把自己的文章和原文拿出来仔细对比，看看到底差在哪里。这一步是进步的关键，建议你把对比出来的问题总结成经验，单独写到一个文档里。

第八步：重复第六、第七步

直到自己复述出来的文章水平跟原文相差无几之后再停止。

【注意事项】

有个需要提醒的问题是，你这样写出来的文章，即使全文都用自己的话说，但内容和核心观点其实是和原文一样的，所以，一定不能用作其他用途，不然这种行为就是“偷”了。当然，我们得承认，市面上有许多文章都会这样“偷”，这种行为说白了就叫“洗稿”。我们写文案应该有自己要坚持的操守，偷窃的事情不能做。学画画，也是从临摹开始，临摹这件事本身没有问题，但如果你临摹了别人的画去卖，这种行为是不对的，甚至是要负法律责任的。写文案也一样。所以，请保持初心，有些职业操守是丢不得的。

【答疑解惑】

你可能会有这样的疑问：我这样靠模仿写文章，时间久了，会不会没有自己的创作风格？我很理解你的想法，当初我也这样想过，但是后来发现自己想多了。你刚开始学写文案，能写出来都不容易，哪来的创作风格？既然如此，还怕丢失自己的创作风格？

所以，不要担心这个方法会限制你的创作，这个方法能帮助你更透彻地理解文章的结构，如果自己去写需要注意哪些问题。

所以，尽管放开手脚去尝试吧，畏首畏尾的人永远前进不了。当你用这样的方法练习，知道怎样做能写出好文章，才能完全表达自己，才能说服别人后，你就可以不用模仿了，大胆进行你自己的创作，等着别人模仿你吧。

2. 章鱼练习法：跨过新手期之后的练习方法

这是我自己总结的一套方法，至于为什么要取名为“章鱼练习法”呢，因为章鱼很可爱，而且有很多触角。这就是跨过新手期之后提升文案要做的事，让自己身上长出尽可能多的“触角”，从生活的各个方面去探索能够帮助自己写作的灵感素材。

章鱼练习法不是一个特定的方法，我不能像富兰克林写作法那样，给你一个具体的执行步骤，更多的是给你一些“长触角”的方法。每个人“长触角”的方法各有不同，我知道你一定会有自己独特的方法。

(1) 电影：艺术是相通的，可以共同成长

文学和电影一样，都是表达的艺术。所以我想，如果能提高整体的艺术水平，其实就在无形中提高了文学水平，而在所有提升艺术水平的方式里，看电影是最轻松，也是最简单的。

我有一部很喜欢的电影，已经看了6遍。这部电影是由

本·斯蒂勒执导的《白日梦想家》，我对电影中的一段台词倒背如流。当沃尔特最终在喜马拉雅山找到著名摄影师肖恩时，肖恩正等待抓拍罕见的雪豹，他已经风餐露宿很久了，就是为了等待按下快门的那一刻。然而等雪豹出来的时候，沃尔特却看到肖恩迟迟不按快门。于是他问肖恩："你打算什么时候拍照？"肖恩说："有时候我不拍。如果我很喜欢某个时刻，我是说，就我个人而言……我不喜欢相机让我分心，我只想沉浸在那一刻。"

至今，我仍然对电影的那个场景印象深刻，我感受到了电影在这个片段里想要传达给我的东西，于是我打开 iPad，写下了一篇文章，主题是："享受当下是种极致的浪漫。"

文章太长了，我节选一部分放在这里：

我曾经花了 18 个小时爬山，从山脚到山顶，从春天到冬天。双腿爬到酸软无力，脸被风剜得生疼，我扛住了爬山过程中的艰辛和磨砺，所以我理所当然地认为，站在山顶看日出的那一刻应该拍照，留住美好的瞬间。

可是下山后，我看着那两张漂亮的照片，却想不起日出那一刻的美好。

如果……我专心看日出就好了。

你看，这就是一个"触角"。

对了，你一定不要局限于电影，我这里说的不单指电影，准确来说应该是影像才对。比如，我也看综艺，有一个节目叫《令人心动的Offer》，在第二季中有一个叫丁辉的人，他因为之前志向不大，不够努力，所以本科（即第一学历）一般，即使他后来醒悟并通过自己的努力考上了重点大学的研究生，有了成功的实习经历，在节目里也很努力，最终还是不被认可，被淘汰了。我觉得他的经历和我特别像，所以在他被淘汰的那一刻，我复杂的情绪汹涌而出，我能够清楚地感知到这种情绪的存在。于是我立刻拿笔写下："我们的生活不是爽文剧本，或许逆袭的结果也不尽如人意。但是还好，即使握在手里的是烂笔，也可以自己写结局。"

平时可以多看电影，在某个特别让你感慨的时候按下暂停键，拿出笔，或者打开手机备忘录，把你那一刻的心情或想法完整地记录下来。这是很好的创作习惯。

（2）书籍：一种美食

任何一个创作者都需要读书，更何况我们的目标是成为文案创作者，不读书是不可能的。

我希望你能够把玩手机换成读书，能有随时随地都想读书的欲望；你可以读各种各样的书，不用纠结书的好与坏，不要把读书当成一件隆重的事。把书当作你最喜爱的美食，每天都想吃，每天都得吃。

我想问你一个问题："你觉得在地铁上和飞机上看书的人是真的爱读书还是装有文化？"我有几个朋友认为这是一种非常矫情的行为，但我可以告诉你，那些人说不定真的把书读进去了。因为书很神奇，它可以在你精神极度饥饿的时候充当美食，也可以在你不想融入当下嘈杂环境的时候，变成一个随时随地的避难所。

（3）旅行：一种修行

这件事，我建议一个人去做。

你不用走多远，只要找个自己以前没去过的陌生地方就好了。在陌生的地方就会产生陌生的心情，看待世界的视角也会产生变化。实不相瞒，我的每次出行都能给我带来很多灵感，即使这个灵感我目前用不到，也会在日后的某一天用到。

所以，当你陷入瓶颈的时候，不妨试试去一个陌生的地方，收获陌生的心情。

（4）收集：建立自己的素材库

如果我刚才讲的前 3 种方式是用来帮我们长出"章鱼触角"的，那么现在我说的就是帮我们长出"章鱼的头"。

经过几年的素材收集，我发现素材库按照这样的方法来建立是最好的。我把素材库分成 3 类。

第一类：金句库

建议用 Excel，并且要打开实时保存，存在云文档里。如果文档只存在电脑上，你在玩手机时发现了不错的金句，但身边又没有电脑怎么办呢？所以如果是在线文档，可以实时修改、自动保存就方便多了。我在刷抖音、知乎、微博时，看到好的句子都会把它们复制下来，直接填到我的金句库里。

另外，一个 Excel 文档可以建立多个 Sheet 表，我们还可以把金句库再分类一下。比如 Sheet1 是成长励志，Sheet2 是绝美诗词，Sheet3 是自己的原创金句，Sheet4 是爱情友情……总之，我们要把所有金句进行分类，不然金句积累多了，想用的时候就很难找。我现在的金句库里收集的金句大概有 2 万多个，自己原创的也有 1500 多个，实在是太多了。

金句的来源是哪里呢？如同我刚才说的，你平时玩手机、看电影、看书时看到的经典句子可以收集；你走到路边看到电梯广告和宣传海报时，你觉得不错的广告语也可以收集下来。

第二类：材料库

什么样的材料呢？新闻八卦、时事政策，甚至是你从朋友那里听到的故事，所有你觉得有点儿意思的事都可以收集起来。但要注意的是，我们在收集的时候要尽可能把事情发生的时间、地点、人物和影响详细写出来，不能写得太粗略。不然你以后写某一篇文章时，在材料库找合适的案例，案例是找到了，却因为记得太粗略而无法很好地支撑你的观点。那种追悔莫及的感觉，真的会让你想打自己耳光。

同样，这个素材库也记得分类，可以分成新闻、政策、道听途说等。这个库我建议大家用印象笔记或是 Microsoft OneNote 建立。

第三类：灵感库

灵感库其实就是选题，属于你脑子里突然蹦出来的想法，记录灵感是最简单的，因为只需要你用一两句话把你脑子里的想法记下来就行了。比如，我是一个视频博主，经常需要有新的创意和好的选题，还要按时更新。但有时候脑子里真是什么想法都没有，这时你不能硬憋。或是偶尔脑子里有很多好的想法，是正在开会或撸串儿的时候蹦出来的，这时又没办法执行，怎么办呢？打开手机备忘录，记下这个灵感，等以后需要更新视频的时候，把这个备忘录翻出来，看看以前的灵感，选一个进行创作。

比如，我的手机里就记了一个灵感：那种一看就让人觉得“哇，有点儿东西”的文案怎么写？你看，这不就是一个选题吗？

到这里，这章就正式结束了。你可能觉得我讲的东西没用，也可能觉得我讲的东西能让你马上去做，无论现在你抱着哪种想法，我都希望你能马上去做。

这章我送给你的句子是："要有最朴素的生活与最遥远的梦想，即使明日天寒地冻，路远马亡。"

第十章 文案创作的流程与时间管理

学会了写文案，怎么挣钱呢？我想这应该是大多数人都会关心的问题。如果有一些自由时间，能挣到钱，还能进步，那么为什么不干呢？

朋友，截至目前你可能已经看了无数本讲文案的书，你也学习了、练习了，但还是没有挣到钱。你是不是会想，别人是怎么挣到钱的呢？我感觉我可以比他写得更好。别着急，你遇到的问题我也遇到过，因为我也是一个从零开始的普通人，现在我既然能给你写这本书，就说明我已经解决了大部分的问题。

下面，我将跟你分享我挣钱的方法，希望从今以后，文案创作能够成为你生活中重要的一部分，还可以让你借此拥有更多选择的机会。

这是本书最后一章了，写到这里，我一直把你当作一个很好的聆听者、朋友，甚至是知己，我希望你过得好。我不是一个跟你有距离的作者，你可以把我当作城市写字楼里最不起眼的打工人，迷茫过，懒惰过，也冲动过，但终究幸运地找到了自己喜欢做的事，并且坚持下来，还有了一些小小的收获。我懂你在挤地铁抬头时那一瞬间的迷茫，懂你受了委屈回到出租屋大哭的孤独，也懂你对自己恨铁不成钢的厌恶，更懂你对别人励志、精彩人生的向往……所以我写下这本书，它可能与你以往看过的书不一样，我没有那么扎实、渊博的知识，只有一些小小的心得，却竭尽全力地分享给你。

此刻我真诚而热烈地希望你能在我的这本书里，收获一点点方向和知识。倘若有一天，你因为我的这本书给生活带来了一些好的变化，请你告诉我，好让这个世界上为你开心的人又多了一个，我们可以拥有双倍的快乐。

1. 时间自由的赚钱渠道

有，还不止一个。

但是我们要搞清楚一个状况，几乎不会有人愿意给一个没有任何成果的文案小白机会，尤其是当你只会空口说自己能做好的时候。不要指望有人会找你，机会要自己主动争取。

【公众号】

你可以自己开一个微信公众号，确定好自己的定位，定时发文，有了粉丝基础后，自然会有一些商家联系你，找你做广告，甚至你可以卖自己的产品。如果你的文章写得好，自然会有一些“伯乐”联系你，花钱找你帮忙写文章。但是现在的公众号已经越来越难做了，就算是以前的一些大号，阅读量也明显不如从前，所以现在想用它挣钱，真的很难。有可能你写了几十篇上百篇文章，公众号也没做起来，而一个没什么粉丝的公众号是挣不到钱的。你极有可能面对一个窘境，就是你花了大量的精力却什么都没得到。

那我为何还要把公众号放到这里说呢？因为希望不大并不

代表没有希望。这件事情适合谁来做呢？适合自己的微信通讯录里本来就有四五千人，自己还有好几个微信号的人。你想想，如果这样的人把自己写的文章长期分享到朋友圈，是不是涨粉会比一般人快得多？但是微信通讯录能达到四五千人的人肯定很少，那就没必要做了吗？不是，你坚持写文章，分享到朋友圈，让大家帮你提提意见，这是让你的文案进步的一种方式。当你觉得自己的水平确实还不错时，你就可以试试主动出击了。

我尝试过直接去各类招聘网站搜索“新媒体运营”这个岗位，因为这个岗位基本就是写公众号的。我不限制城市，只筛选了规模在 50 人以下的小公司，工资比行业水准低。这种公司，一般真的是在招聘，因为是极小的公司，工资给得低，很难招到人，跟你聊的人通常是老板，所以他能做主。这个时候，我们情商高一点儿，把自己的能力展示出来，给老板看看自己的公众号和写的文章，主动提议兼职给他的公司写公众号，大概率就能成了。我之前试过这样的方法，基本上 10 个老板有 4 个愿意让我试试，其他不行的我也加了微信，在以后的某一天，他们其中的一些人还成为我的固定客户。

所以你看，在你没钱、没资源的时候，胆子大一点儿，脸皮厚一点儿，机会就多一点儿。

【短视频】

公众号的风口我没有赶上，但是短视频的风口我赶上了。而今我也算是吃了短视频红利的人，所以这一块，我还是相当有发言权的。

短视频其实除了对文案有要求，还要求你的拍摄、剪辑、镜头表现力等各方面都做得好，因为最后需要你呈现出一个视频，而这个视频最好是你真人出镜。之所以要求真人出镜，是因为只有这样有 IP、有辨识度的账号才能受到广告商的喜欢和粉丝的信任。广告商喜欢你，就会找你打广告。我现在有 70 多万粉丝，一条广告（也就是一条视频）能挣到接近 7000 元，我还可以在自己的账号里卖商品，直播也能有一些收益。所以总体来说，做好短视频，收益是非常可观的。

【自媒体文章】

这是指像头条号、百家号、大鱼号这样的平台。你在平台写文章，靠阅读量就能挣钱，而且像头条号这样的平台经常开展创作者激励计划，写得好的还可以赢取奖金，比如青云计划，奖金一般是 5000 元。

不过整体来说，这样的平台收益很低，所以要想单靠平台的阅读收益挣钱，目光就短浅了。我们可以想方设法创造爆款文章，然后拿着这些文章的数据去告诉别人，你有创作爆款文章的实力，如此就会有人主动找你，给钱让你写文章了。比如，你的账号是专门写明星的各种娱乐八卦，那么以后就会有人找你写专门针对 xx 明星或者专门夸赞 xx 明星的文章。总之，在这样的平台，你只需记住，数据就是一切。请你把所有数据存档，说不定这也是你以后换工作转行的机会。

【拆书稿】

像樊登读书、有书这样的平台都会收这样的稿子。因为如果全靠平台内部的员工写，是写不过来的，市场需求量太大了。现在很多人都没时间，也不爱看书，所以帮他们把书里的重点内容提取出来，他们看完只需要十几分钟的时间，既增加了他们的谈资和知识量，又不耽误时间，大家很乐意消费。一般来说，一篇拆书稿能赚 200~1000 元不等，这对很多人来说是个不错的副业，既长知识也涨财富。但是难点在于，自己写好了拆书稿，谁花钱收啊？

樊登读书、十点读书会、慈怀读书会、365 读书、有书、熊猫书院……有共读活动的平台就是收拆书稿的平台，你可以直接去找这些平台，它们一般都会发布征稿启事，征稿启事里会有投稿邮箱和地址。

不过，每个平台的拆书稿都有它们自己的要求，你要交出合格的拆书稿肯定需要不断练习，刚开始写的稿子基本都不会合格，每次被退稿时要耐心反思和总结，想挣这个钱就得把这方面的专业态度拿出来！

【剧本杀】

剧本杀这个游戏很受年轻人欢迎，很多开这种店的商家都需要剧本来支撑这个游戏。专门写剧本杀的职业也就应运而生了，而且兼职就可以做到。如果你想找到合适的投稿资源，可以去“中国写手之家”，我之前在这个平台上发展过一段时间，整体来说比较靠谱，征稿启事也更新得比较频繁。

【杂志】

这里说的杂志就是我们平时都要看的纸质杂志。这样的杂志投稿渠道一般都比较公开，如果实在找不到，可以去我刚才说的“中国写手之家”这个平台，很多杂志都会在该平台上发表约稿启事，比如《爱格》《文学港》《鹿小姐》《青春美文》等，至于你想投哪家杂志，就要看你擅长写什么内容了。只要你写的内容合格并符合该杂志的特点，一般都没什么问题，而且总体来说，收益还不错。杂志社约稿一般明码标价，按千字收费，一般是 90~200 元 / 千字，价格不等。

我想，以这样的方式投稿，倘若你的稿子能够登上杂志，对你的文案创作来说也是一种巨大的鼓励。

好了，关于写文案有哪些赚钱渠道，我已经介绍得差不多了。其实这些自由的副业，只要你做出成绩了，随时都可以把它转为正式工作。我知道，大多数人对自己所学的专业并不是特别热爱，那么像运营、策划、文案、编辑这类跟文案创作相关的工作，就是你转行的一个方向。

现在来解决下一个问题。既然这些工作只能算是一个收入不稳定的副业，那么在没做出成绩之前，我们肯定还是要有能养活自己的正经工作。但工作需要时间，兼职需要精力，这两者应该怎么平衡呢？

接下来，我讲一讲我的时间管理吧，对你来说，可借鉴性很强哦！

2. 文案创作的时间管理

要做好时间管理，我们首先要弄清楚一个问题，那就是写文案这件事到底会消耗你多少精力？要搞清楚这个问题，先要弄懂文案创作的具体流程。

其实，如果你足够细心的话就会发现，本书的目录就是按照文案创作流程排序的。

（1）文案创作的流程

第一步：明确你的文章想写给谁看

读者喜欢看什么？这一步其实并不怎么花时间。举个例子，你在“中国写手之家”看到了《爱格》杂志的约稿启事，你想赚这份钱，所以要投稿。那么你的稿子就是写给《爱格》杂志的编辑看的，而编辑看的是什么，不就是考量你的稿子会不会受他们读者的欢迎吗？好，接下来，我们可以把《爱格》历年的杂志翻出来看看，了解他们的读者到底喜欢看什么类型的稿子。在翻看很多本杂志之后，你发现这些读者喜欢伤痛文学，而且故事最好发生在校园，古风好像不太受欢迎。了解一番后，你就知道你的文章是写给谁看的，他们喜欢看什么了。

第二步：换位思考，写什么选题才能受欢迎

你大概知道这批读者喜欢校园伤痛文学，但什么主题才能吸引他们呢？可以运用我在本书中提到的选题方法，你可能发现这段时间“校园欺凌”的话题特别受这群读者的关注，而且他们还特别喜欢穿越题材的内容，你是不是就可以围绕这些话题写一个这样的故事了？

第三步：撰写文章大纲，确定标题

想好大纲，我们就对自己即将要写的文章很清楚了，这时再取个标题自然也不是难事。取标题的方法我在前面的内容里也专门介绍过很多个了。

第四步：写文章，这一步是最费时间的，把文章写好也很讲究

有些方法和技巧我也在前面提过，这里就不多说了，如果忘了，可以返回去看看第四章到第八章的内容。

第五步：修改

看看有没有明显的逻辑错误，或者哪些内容不够吸引人，需要重写。这一步可以循环多次。

当你把一整套文案创作流程都做完之后，看看花费了你多少时间，这样对自己的创作能力也就心里有数了。

（2）正式开启创作前的思考

自己现有的工作，时间宽裕吗？

比如，你现在每天只需要工作 8 小时，周末双休，每天中午还有 1 小时的午休时间。你一天必须花 8 小时睡觉，吃饭和洗漱的时间估算为 2 小时，那么周一到周五你每天可以有 6 小时的时间去写文案，周六、周日可以全天研究文案。这么算下来，你在写文案这件事上花的时间可能比正经工作更多，你完全有能力也有精力胜任这件事。

具体的计划要怎么落实呢？自己不可能完全不娱乐和不休息吧？我的建议是，周一到周五每天至少抽出 2 小时完整的时间去写文案。这 2 小时，要么安排在清晨早起，要么安排在晚上下班之后，其余还有 4 小时的空余时间，你可以做这样几件事：

学习文案技巧，不管是玩手机，刷知乎、豆瓣、微博，你都要关注与文案相关的内容。

抽出至少 20 分钟的时间看书，我建议你可以选择午休的时间，不用非得看纸质书，电子书也可以。

把吃饭时玩手机的习惯改成浏览新闻或者其他咨询文章，

浏览时记得养成积累素材的习惯。

其实这样做下来并不难，你会发现甚至还有许多放松自我的时间。我之所以给出这样的建议，是因为我切身实践过，刚开始不允许自己有任何娱乐，结果没几天就坚持不下去了，倒不如这样安排，反而能坚持得更长久。

相信我，写文案这件事情，短期爆发式的努力效果远不如每天细水长流的努力。我们不能因为想追求这一件事的成功就不好好过日子，不要在事情还没开始做之前就给自己太大的压力，放松一点儿，你收获果实的袋子才能把口子敞开得大一点儿。

现有工作太辛苦了，没有时间学文案、写文案，还有机会吗？

说实话，除非你真是一个极有天赋的创作者，不然你不要妄想不努力就能超越别人。面对这种境况，我相信你自己也知道，只有 3 种解决方式：

①拼命干。要么完全牺牲自己的娱乐时间，要么牺牲一部分睡眠时间，总之每天 2 小时，必须给自己安排上，不过比一般人辛苦一些这是毋庸置疑的。

②放弃。要么放弃现有的工作找一份时间更充裕的工作，要么就先放弃写好文案这个想法，毕竟也不是每个人都需要靠文案过活。到底要放弃什么，必须由你自己想清楚。如果现有

的工作只是为了钱，你一点儿都不喜欢，那么选择另一份收入少一点儿的工作，先学习几个月的文案写作，这是一种选择；如果你还挺喜欢现在的工作，学写文案只是想给自己留条后路，那么我建议你先放弃这个想法，踏踏实实地把手头的工作做好，去做自己擅长的事情，不要想东想西，以为给自己留了很多条后路，结果一条都没有走好。

③当作爱好。也就是你有时间学习就研究研究，没时间学习就先放一段时间，毕竟你也没指着这件事赚钱，权当写文案是你放松的一种娱乐方式。娱乐而已，就不必特意花精力了。

自己创作的效率不高，几个小时只写出几百字怎么办？

憋。实在憋不出来就看书，看别人怎么写。虽然我之前一直说写文案要讲究灵感，不能硬憋，但面对这种情况就要灵活对待。因为对初级文案创作者来说，几个小时只写出几百字，一般不是因为写不出来，而是没办法集中精力，心里总想玩手机或者做其他的事情，这时必须逼自己，逼出习惯就好了，坚持 3~4 周就不会有这种情况了。

最后送你一句话：“及时当勉励，岁月不待人。”